ÉCRANS ET ENFANTS

• • •

souris grise

souris grise

Les écrans en famille, quel plai... sir! Sujet de débat, d'inquiétude, d'agacement ou d'enthousiasme, le numérique ne laisse aucun parent indifférent. Comment concilier l'éducation des enfants et un mode de vie rythmé à chaque instant de la journée par des pratiques numériques ? Peut-on rester serein face aux injonctions contradictoires médiatiques sur l'intérêt ou le danger des écrans pour les plus jeunes ? Des contenus de qualité existent-ils pour tous les âges ? Et est-il possible de gérer au quotidien les besoins numériques de chaque membre du foyer ?

C'est l'objectif de ce guide : répondre aux principales questions des parents sur les écrans et favoriser une approche apaisée et collective du numérique en famille. Nous vous avons préparé un parcours en trois étapes : des conseils, une sélection de plus de 160 ressources numériques de qualité, et enfin des ateliers et activités à réaliser avec les enfants.

La Souris Grise est une entreprise culturelle française. Nous œuvrons depuis 2010 de manière indépendante dans le domaine de la médiation numérique : nous testons et critiquons des contenus sur notre site pour aider les parents et nous formons les professionnels de la culture et du social. Nous militons ainsi pour le développement de pratiques adaptées à chacun et invitons à des usages numériques éclairés et responsables.

Alors, les écrans en famille... quels outils incroyables, aussi prenants que merveilleux ! Avec la présence des parents, des ressources pertinentes et des temps raisonnables, pourquoi se priver de ces fenêtres ludiques et éducatives ouvertes sur le monde ? Prêt·e à changer d'angle ou à renforcer vos réflexes parentaux ?

Laure Deschamps et Manon Uthurry

SOMMAIRE

- **CONSEILS** **4**
  - 1 • Prendre de la hauteur 6
  - 2 • Accepter ses doutes 13
  - 3 • Forger sa position éducative 20
  - 4 • Endosser son rôle 26

- **RESSOURCES** **34**
  - Narrations 2+ 36
  - Narrations 8+ 48
  - Narrations 12+ 60
  - Jeux 2+ 71
  - Jeux 8+ 85
  - Jeux 10+ 100
  - Arts et musique 112
  - Créativité 127
  - Apprentissages 140
  - Sciences et logique 152
  - Nature 163
  - Médias et infos 174

- **ACTIVITÉS** **186**
  - Surprises de Noël 188
  - La BD de votre famille 190
  - Une étonnante chasse aux monstres 192
  - Expérimenter la musique 194
  - Métamorphoses 196
  - Combien d'écrans avez-vous à la maison ? ... 198
  - Votre planning d'activités numériques ... 199
  - Quiz 200
  - Dessin 204
  - Défis en famille 206

CONSEILS
...

*Savez-vous que vous êtes des pionniers ?
Des parents précurseurs, de ceux qui inventent des règles
et approches nouvelles ? Si personne ne vous l'a jamais dit,
il est temps pour vous de le découvrir.
Vous comprendrez ici pourquoi le sujet du numérique
et des enfants peut vous sembler si fatigant ;
vous saurez où se situe précisément votre rôle et vous pourrez
devenir le parent numérique que vous rêviez d'être.
Votre nouveau fil rouge : il est bien plus facile
d'interdire que d'éduquer !*

1 Prendre de la hauteur 6
Partir du bon pied 6
L'exemple des réseaux sociaux 8
Éviter de créer des obstacles 9
Contourner la pression sociale 10

2 Accepter ses doutes 13
Comprendre le manque de repères 13
Trier les injonctions contradictoires 14
Combattre le sentiment d'illégitimité 17
Refuser d'être un parent policier 18

3 Forger sa position éducative 20
Les données scientifiques 20
La révélation du vélo 22
Les points de vigilance 23

4 Endosser son rôle 26
Se brosser les dents 26
Valider les contenus 27
Accompagner 29
Réguler 31
Le droit à l'imperfection 33

Prendre de la hauteur

...

Partir du bon pied

● Quel que soit l'âge de votre ou vos enfant(s), vous vous êtes peut-être déjà dit intérieurement : « *Ah, de mon temps, c'était tellement mieux! On allait dehors, on jouait librement, on ne passait pas tout ce temps sur les écrans. On avait une vie saine...* » Arrêtons là le disque de la nostalgie et du défaitisme et prenons quelques instants pour regarder la situation d'un peu plus près. Avant de déplorer les usages numériques des enfants, il est indispensable de décrypter les pratiques des adultes. Car l'éducation passe par une prise de distance dont nous manquons souvent – et nous allons comprendre ensemble pourquoi. Mais d'abord, voyons un peu ce qui se passe chez vous...

● Combien d'écrans possédez-vous? Amusez-vous à additionner vos téléphones, ordinateurs, tablettes, consoles de jeu, TV, GPS et autres écrans connectés (vous pouvez mener ce comptage avec vos enfants, la page 198 du cahier d'activités est d'ailleurs consacrée à cet exercice). Ne comptabilisez que les écrans actifs, ceux que vous utilisez au quotidien, et laissez de côté tous les écrans usagés que vous avez peut-être gardés dans vos placards – pour ceux-là, il serait temps de penser au recyclage!

● C'est fait? Pour vous donner un jalon de comparaison, la moyenne se situe aujourd'hui autour des huit écrans par foyer avec enfants. Mais qu'importe le résultat que vous avez obtenu! L'essentiel est ailleurs : avoir pris conscience du nombre d'outils qui vous entourent au quotidien.

Votre mission de parent numérique démarre ! Accompagner sereinement ses enfants demande de s'éloigner (un peu) de ses propres usages, d'analyser (de temps à autre) les services numériques et de ne (pas trop) céder aux sirènes de la course à l'innovation et à la nouveauté.

● Depuis une dizaine d'années, nous avons développé des usages numériques permanents, facilités par la qualité du matériel auquel nous avons accès, la rapidité des connexions, la diversité des services et le coût abordable de l'ensemble. Quand on demande aux adultes quel est l'écran dont ils se passeraient avec difficulté, une petite part d'entre eux va répondre l'ordinateur, mais la grande majorité va citer le smartphone, un outil si personnel qu'il nous est difficile de nous en séparer. À quelle heure ce matin avez-vous consulté votre smartphone pour la première fois ? Pour vous réveiller ? Et, depuis votre lever, combien de fois l'avez-vous utilisé – ou regardé, pour consulter l'heure par exemple ?

● Il est probable que vous soyez dans l'incapacité de répondre à ces questions, sauf à avoir consulté votre temps d'écran dans vos réglages ou via une application dédiée. Le smartphone constitue un outil fascinant, un assistant aussi pratique que multitâche. Il nous sert à tout : à prolonger notre

Prendre de la distance avec son smartphone

• Éloignez votre smartphone de votre vue ! C'est tout bête, mais l'adage « loin des yeux, loin du cœur » fonctionne très bien.

• Nettoyez vos notifs ! Supprimez au maximum les alertes et notifications qui vous poussent à regarder régulièrement votre écran. Quelles sont les informations que vous devez réellement recevoir instantanément ? Pour le reste, ça peut attendre !

• Offrez-vous un réveil et une montre ! Vous verrez page 23 toutes les raisons qui poussent à sortir le smartphone de la chambre. Équipez-vous d'un réveil agréable, et d'une montre pour éviter d'être tenté, après avoir consulté l'heure sur votre smartphone, de glisser vers d'autres usages.

• Mesurez votre temps d'écran en regardant en détail quelles sont les applications que vous utilisez le plus : vous constaterez qu'on estime très mal ses propres usages.

mémoire, à gérer notre vie quotidienne, à nous informer sur le monde entier, à jouer et à regarder des séries, à travailler comme à nous divertir. Cet écran-là particulièrement fait partie de notre intimité et de notre routine quotidienne.

● Ne croyez pas que cette description vise à vous rendre, parents, coupables de tout – et surtout de l'attirance soi-disant innée de votre enfant pour les écrans ! Non, cette réflexion permet simplement de partir du bon pied en tant qu'éducateurs de vos enfants. Comment conseiller efficacement si on n'a pas conscience des effets de certains services ou pratiques numériques sur nous-mêmes ?

L'exemple des réseaux sociaux

● Un exemple frappant est celui des réseaux sociaux : médias, parents, professeurs, psychologues ou médecins s'inquiètent de la présence des enfants dès le primaire sur les réseaux, de l'accès rendu possible à des contenus inadaptés, des propos qui dérapent, du harcèlement scolaire qui se poursuit au-delà de la cour de récré. En France, officiellement, l'Assemblée nationale a estimé qu'il fallait avoir quinze ans pour ouvrir seul·e un compte et, selon les conditions d'utilisation des réseaux eux-mêmes, il faudrait être âgé·e d'au moins treize ans pour s'y inscrire.

● Laissons de côté ces réglementations théoriques et penchons-nous sur le fonctionnement économique du réseau social pour voir comment il est inadapté à une utilisation par un enfant. Vous connaissez certainement autour de vous des adultes qui se disent « accros » à tel ou tel réseau, qui consultent leur compte très régulièrement, qui passent parfois des heures à faire défiler les vidéos et à les liker.

● Le modèle du réseau social – du moins des réseaux mondialement connus comme Instagram, Snapchat, TikTok, etc. – est basé sur la captation de l'attention de l'utilisateur, la création de l'envie, voire du besoin d'y rester longuement. C'est le fameux principe du circuit de la récompense dont notre cerveau est friand : likes et commentaires flattent notre ego et nous procurent du plaisir. Vidéos courtes et *reels* semblent si brefs qu'ils nous incitent à en regarder d'autres, puis d'autres encore, poussés par la curiosité et la peur de rater des informations.

● Une série de vidéos réalisée par Arte, du nom de *Dopamine*, décrypte très bien ces différents effets (cf. page 176). Le modèle même du réseau social et son mode de fonctionnement sont conçus pour nous y faire revenir en permanence, afin de mieux nous connaître, mieux cibler nos besoins, commercialement parlant, et nous proposer des textes, images et vidéos, en quantité et adaptés à nos goûts personnels.

● Nous ne critiquons pas ici les contenus proposés sur ces réseaux. Tout n'est bien sûr pas à jeter : il existe des centaines de comptes et chaînes pertinents, intelligents, et même adaptés aux enfants. Nous décryptons seulement leur recette visant à capter notre attention, un système si bien ficelé qu'il est bien compliqué, même pour les adultes, d'y résister.

Éviter de créer des obstacles

● Quand on a pleinement conscience de ce fonctionnement et qu'on est parent, pourquoi mettrait-on ce bâton dans les roues de l'éducation de ses enfants ? Laisseriez-vous votre enfant conduire un camion en lui donnant une petite tape bienveillante sur la joue avant de l'y laisser monter seul ? Ce serait ridicule, n'est-ce pas ? En revanche, vous pourriez, si vous aviez le permis adapté, lui proposer de monter à vos côtés et de tenir le volant avec vous tout en profitant de la balade et du paysage. C'est exactement la même chose pour les réseaux sociaux. Ils ne sont tout simplement pas adaptés aux enfants : ils ont été conçus par des adultes pour des adultes, et les enfants les utilisant seuls auront forcément beaucoup de mal à s'en détacher.

En chiffres

• 84 % des 12 ans et plus possèdent un smartphone.

• 56 % des Français ont une tablette.

• 110 millions de téléphones portables dorment dans nos placards au lieu d'être recyclés.

• Chez les enfants, l'âge moyen d'obtention du premier smartphone est de 9,9 ans.

*Sources : Baromètre du numérique 2021 / Étude du groupe **Sofies**, 2019 / Étude OPEN et UNAF, 2020*

● L'exemple des réseaux sociaux nous amène à ce constat : la prise de conscience de nos propres usages et rapports au numérique va fortement nous aider dans l'éducation au numérique de nos enfants. Un jour, une maman est venue assister à une conférence « Parentalité numérique » de la Souris Grise ; elle a écouté avec attention sans participer activement aux échanges. En fin de rencontre, elle est intervenue, un sourire gêné aux lèvres : « *Eh bien, chez nous, il n'y a pas de problème ; les enfants réclament très peu d'écrans et n'ont même pas envie d'avoir de téléphone portable.* » Après quelques minutes, elle a indiqué qu'elle ne regardait jamais la télé, oubliait son smartphone régulièrement et avait un mode de vie naturellement déconnecté. Sans s'en rendre compte, elle avait transmis à ses enfants une approche modérée du numérique.

● Vous allez dire : « Dois-je tout arrêter ? » Évidemment non, vous êtes libre d'être connecté·e ou pas, de lire, jouer, créer, discuter sur écran et user des réseaux sociaux à votre guise. Mais, sachant que la prise de distance est indispensable à votre mission parentale, vous pouvez tenter deux premières actions si vous estimez, après évaluation, vos pratiques excessives :
– modérez vos usages devant les plus jeunes, qui apprennent essentiellement en vous regardant ;
– prenez le temps d'expérimenter des pratiques ou services avant d'accepter ou non que vos enfants plus grands y aient accès eux-mêmes.

Contourner la pression sociale

● Vous pourriez rétorquer : « Ce n'est pas si facile ! » Tout le monde à l'école ou au collège a accès à ce jeu vidéo social, se retrouve sur tel réseau et regarde telle chaîne, certes vulgaire. Oui, mais... nous parlerions d'habits de marque, de jeux de cour de récré, d'activités extrascolaires, d'habitudes alimentaires ou de religion, le même débat pourrait avoir lieu : chez les autres, c'est souvent différent – et bien plus attirant ! L'âge de vos enfants augmentant, les pressions et enjeux vont évoluer et il vous faudra prendre en compte de nouveaux critères : si le fait de ne pas accéder à un réseau social isole réellement votre enfant – de son groupe d'amis ou de la vie de la classe –, vous pourrez accepter qu'il le consulte en encadrant son usage.

● Vous verrez au fur et à mesure de votre lecture que l'objectif n'est pas de lancer une guerre à la maison, d'imposer des coupures, de créer des punitions numériques et de concevoir un traçage permanent. Bien au contraire ! Le but est de vous aider à instaurer un climat de confiance, par ailleurs suffisamment encadré pour que votre enfant ait accès au numérique selon ses envies et capacités… Cela vous demandera d'être plus actif·ve et présent·e, mais vous allez retrouver la sérénité de savoir que votre éducation correspond à ce que vous souhaitiez : un accompagnement progressif de vos enfants vers l'autonomie, l'indépendance et la citoyenneté éclairée.

● Il est temps, ici, d'envoyer valser une autre croyance qui tend à se répandre : les enfants d'aujourd'hui seraient « digitaux », différents ; ils auraient besoin d'écrans, de jouets de leur époque pour échanger et pour s'amuser. Vous avez peut-être lu des articles indiquant que le cerveau de l'être humain évolue, qu'il crée, par la consultation du Web, la pratique du zapping et du multitâche, des connexions nouvelles entre ses neurones. Est-ce que cela signifie pour autant que les enfants ont changé ? Qu'il leur faut forcément des jeux rapides, avec de multiples interactions, pour les amuser ? Et que sans images numériques animées, ils vont trouver toute activité fade et sans intérêt ?

● La vérité, c'est que les enfants sont toujours les mêmes, les mêmes qu'il y a cinq, dix, vingt, cinquante ans ! Les enfants sont toujours des enfants ; ils arrivent au monde avec les mêmes capacités d'apprentissage, la même envie de comprendre et d'apprendre que les bébés que vous étiez et qu'étaient vos parents. Vous avez le sentiment que votre enfant a été tout de suite attiré par les écrans, dès sa naissance ? Rien de plus naturel : il s'empare simplement des outils qui l'entourent, ces surfaces brillantes et colorées que les adultes et les autres enfants manipulent en permanence autour de lui. L'erreur serait d'en conclure hâtivement que nos enfants ne peuvent s'amuser qu'avec des écrans. Avec une brindille, un pot de yaourt, des cailloux, un crayon et un bout de papier, des boîtes et tout autre matériel à leur disposition, ils s'amuseront. Et s'il vous reste d'anciens écrans ou de vieux jeux vidéo, même très pixelisés, prêtez-leur et ils s'amuseront aussi ! Les enfants disposent de certaines capacités bien plus développées que les adultes : une curiosité infinie et un imaginaire sans frontières. Ils sont de fantastiques inventeurs, capables de rêver sans avoir besoin de dormir !

● Même si ce discours vous semble logique, vos enfants pourraient ne pas le comprendre. Car ils vont constater des différences entre l'accès aux écrans chez eux et chez les autres. Alors comment faire ? Éduquer, c'est d'abord expliquer plutôt qu'imposer. Si on reprend l'exemple des réseaux sociaux, prenez le temps de détailler à vos enfants comment ceux-ci fonctionnent. Vous pouvez d'ailleurs refuser que vos enfants aient un compte mais accepter qu'ils regardent, avec votre accord, des contenus à la mode, et qu'ils échangent avec leurs amis via un compte dédié sur le PC familial. Par ailleurs, rassurez vos enfants sur l'avenir : quand ils auront l'âge adapté, en fonction de leurs envies et besoins, ils pourront ouvrir leurs propres comptes. Mais il n'y a aucune urgence à grandir ! Nous, les adultes, qui bien souvent regrettons notre enfance, pourquoi sommes-nous si pressés de proposer aux enfants des pratiques destinées à un plus grand âge ?

● Pour vous aider, vous pouvez vous appuyer sur votre entourage : certes, de nombreux copains et copines jouent à ce jeu ou sont sur ce réseau, mais pas toutes et tous ! Prenez des exemples positifs autour de vous, d'enfants et de jeunes non équipés, et expliquez calmement à votre enfant pourquoi il n'est pas encore temps pour lui.

● Quelle est la conclusion ? Une évidence que nous oublions, happés par nos usages numériques et influencés par des messages médiatiques contradictoires : les enfants... ne sont pas des adultes ! Et c'est à nous, les adultes, de les guider dans leurs pratiques – à condition d'analyser les nôtres pour estimer si elles sont adaptées à nos enfants.

À retenir

- Plus vous prendrez conscience de vos usages numériques d'adulte, mieux vous les analyserez et plus vous saurez ce qui est bon ou mauvais pour vos enfants.

- Les réseaux sociaux ne sont pas adaptés aux enfants !

- La parentalité numérique fonctionne comme tous les autres sujets éducatifs : il vous faut fixer des règles et les expliquer régulièrement.

- Les enfants d'aujourd'hui ne sont ni digitaux ni naturellement accros aux écrans.

Accepter ses doutes

• • •

Comprendre le manque de repères

● Si tout est aussi simple, pourquoi avons-nous laissé les usages des enfants dériver vers des pratiques d'adultes ? Serions-nous une génération de mauvais parents, naïfs et, comme de nombreux commentaires en ligne ne se gênent pas pour l'affirmer, un peu stupides ? La vérité est tout autre ! Personne ne vous l'a jamais dit, mais sachez que nous sommes une génération unique de parents, de ceux qui auront expérimenté un moment de passage inédit.

● Quand vous êtes devenu·e parent, du fait de l'arrivée dans votre couple d'un petit bout de chou, vous avez été spontanément confronté·e à la difficulté de l'éducation. De multiples questions, dès les premiers mois de votre bébé, se sont posées. Et le seul repère spontané que vous avez eu a été... la manière dont vos parents vous ont élevé·e. Vous pouvez apprécier ou rejeter le type d'éducation que vous avez reçue, elle constitue néanmoins pour vous une base comparative. Quel que soit votre âge aujourd'hui, même si vous êtes très jeune et nouvellement parent, quand vous étiez petit·e, il n'y avait pas huit écrans chez vous, ni de connexion Internet permanente. Des téléphones portables, peut-être, mais pas de smartphones, des jeux vidéo mais pas sociaux, des films et musiques sur supports physiques mais pas de bouquets en streaming, des PC mais pas autant, etc. L'environnement technologique dans lequel vous avez grandi était très différent. Vos parents avaient peut-être mis en place des règles autour de la TV, des consoles ou des ordinateurs. Mais vous ne les avez jamais vus gérer la situation dans laquelle vous vous trouvez aujourd'hui : vous devez vous positionner sur un ensemble de sollicitations numériques et imaginer des règles pour les enfants dans un contexte où les écrans ont pris une très grande place. Ça n'est pas du tout anodin ! Nous sommes une génération de transition : celle de parents orphelins d'une éducation au numérique. Mais aussi celle qui invente cette éducation !

● Par ailleurs, la diversification et la massification des usages numériques engendrent une autre conséquence : si vous avez des enfants d'une dizaine d'années, vous avez sûrement constaté que les évolutions des enfants et des adultes se produisent bien souvent en parallèle. Cela fait très longtemps que les youtubeurs et les influenceurs ont envahi les cours d'école et que les téléphones portables sont cachés dans les cartables, bien avant que les adultes ne prennent conscience de l'ampleur de l'équipement et des usages des plus jeunes. Nous en revenons à notre première étape : il est très complexe de tester à la fois un usage sur soi-même et d'en inventer les règles éducatives. À nous tous, parents, de ralentir le rythme technologique, c'est-à-dire de prendre le temps d'analyser avant de laisser nos enfants s'en emparer librement.

● Ce contexte d'évolution sociétale devrait vous rassurer : si vous ressentez des difficultés, c'est bien normal ! La parentalité n'a rien d'une sinécure, c'est une mission multiple, du quotidien et qui se réinvente en permanence. Et le numérique renforce des enjeux d'accompagnement auxquels nos parents n'ont pas été confrontés.

Trier les injonctions contradictoires

● Puisque nous manquons de modèles éducatifs, nous pouvons peut-être compter sur les médias pour nous aider ? Amusez-vous à faire une recherche en ligne en tapant simplement « écrans et enfants ». Épidémie, surexposition, retard de langage, solitude, abêtissement, surpoids, pornographie : les mots défilent et font peur. Vous pourrez aussi vous pencher sur le choix des images et des plans utilisés : les enfants ou les jeunes sont le plus souvent représentés seuls, installés devant un écran très lumineux, dans une semi-obscurité.

Les deux ingrédients du parent

1. L'attention
Être parent, c'est faire attention : à ce qu'elle ne tombe pas, à ce qu'il réussisse à faire du vélo, à ce qu'elle rie même quand elle a de la fièvre, à ce qu'il ne découvre pas trop vite la vérité sur le Père Noël, à ce qu'elle soit fière de ses bons résultats en maths, à ce qu'il apprécie la danse, etc.
C'est faire attention à ce que son enfant grandisse dans un environnement sécurisé et adapté à son étape de développement.

2. L'écoute
Être parent, c'est écouter : ce n'est pas si facile d'écouter son enfant, de prendre soin d'accueillir ses mots, d'entendre qu'il ne s'agit pas d'un caprice mais d'une vraie inquiétude, de se rendre compte que notre tout-petit a beaucoup grandi ou que notre ado est sincère. Être parent, c'est entendre ce que notre enfant dit et exprime vraiment.

Et pour la parentalité numérique ?
C'est exactement la même chose ! Soyez attentif·ve et à l'écoute des besoins, des rêves, des pratiques, de la sécurité et des inquiétudes numériques de votre enfant.

● La diabolisation des usages numériques des enfants est à la mode. Ça fait vendre et ça attire. Souvenez-vous : il est bien plus facile de faire peur et d'interdire que d'éduquer ! Le plus efficace, pensent certains parents devant ces messages, est d'éloigner complètement les enfants des écrans. L'écran serait nocif en soi. D'ailleurs, c'est bien connu, tous les cadres de la Silicon Valley refusent les écrans chez eux ! Si l'on creuse un peu cette dernière assertion, régulièrement avancée comme un argument valide, on se rend compte que tous les articles consacrés à ce sujet ne parlent en réalité que d'une seule école, privée et extrêmement coûteuse, fréquentée par des enfants de cadres du monde des start-up qui prônent une éducation à l'école sans recours au numérique. À quels écrans cette centaine d'enfants de startupeurs ont-ils accès à la maison ? Personne ne peut le dire ! Sauf à vivre dans une grotte en zone blanche, il serait bien compliqué aujourd'hui d'éloigner tout écran de la vue de nos enfants.

● Au cours de votre recherche sur le thème « écrans et enfants », vous tomberez également sur des articles très positifs, moins nombreux certes, mais bien présents dans les colonnes : des jeux ou services permettent à des enfants de mieux supporter certains traitements, de développer de nouvelles compétences ou d'appréhender différemment la scolarité.

● Cette dualité, ce fameux « C'est bien » / « C'est pas bien », est scandée par tous – également dans votre entourage. Des écoles équipent d'écrans leurs classes pour proposer des accompagnements pédagogiques personnalisés tandis que des médecins recommandent d'éviter tout écran. Vous êtes bombardés d'injonctions contradictoires difficiles à comprendre. Alors, la culpabilité vous guette : comment ne pas se sentir coupable de profiter d'un dessin animé pour préparer le repas ? D'oublier un peu l'heure tandis que les enfants jouent sur la console, histoire de finir un coup de fil ou de souffler au retour du travail ?

● Un jour, dans un train, un passager, voyant s'afficher sur l'écran d'ordinateur d'une conférencière Souris Grise les mots « parentalité numérique », s'est exclamé : « *Moi, je n'ai pas de problème par rapport aux écrans ! Mes enfants n'en ont pas. On verra ça au lycée, comme ça, ils seront assez grands pour se débrouiller !* » Mais quand ses enfants auront quinze ou seize, il faudra bien échanger avec eux sur leurs pratiques, d'autant plus s'ils n'avaient pas l'habitude d'aborder le sujet en famille jusque-là, n'est-ce pas ? Cette remarque a un peu troublé le voyageur. « *En fait, ils vont d'un coup ouvrir la boîte de Pandore !* », a-t-il soufflé.

● La rigidité extrême – comme ici celle du tout écran ou du zéro écran – convient très mal à l'éducation. Car si vous n'accompagnez pas vos enfants progressivement, qui le fera à votre place ? Il y a tellement de sujets à aborder pourtant : la compréhension des outils eux-mêmes, l'apprentissage des sources d'information fiables ou non fiables, le choix des ressources, le développement de bons réflexes d'usage, le comportement à avoir en ligne ou encore la prévention contre les contenus inadaptés et pornographiques. D'ailleurs, même si vos enfants ne possèdent aucun équipement personnel, leurs amis, leurs cousins, leur entourage peuvent en posséder : vous ne pouvez pas faire l'impasse sur cette part de l'éducation.

● Dans la partie suivante (cf. page 20), nous allons aborder les connaissances scientifiques concernant les écrans, mais, d'ores et déjà, méfiez-vous de toutes les injonctions qui vous entourent. Elles pourraient vous mener à prendre des décisions sur des malentendus.

Combattre le sentiment d'illégitimité

● Vous êtes-vous déjà senti·e incapable de répondre à un ado qui utilise des mots étranges, qui vous parle de flammes, de scores, de combos ou de *skins* ? Vous êtes-vous trouvé·e perdu·e face à un enfant qui vous cite des noms de chaînes, de jeux, d'influenceurs totalement inconnus ? Au fond de vous arrive en galopant un sentiment très désagréable pour un parent, celui d'illégitimité : « *Je suis dépassé·e, il ou elle en sait plus que moi. Mais comment voulez-vous que je fasse ? Ce numérique-là, ce n'est pas ma génération !* »

● Vous avez raison, personne ne nous enseigne comment faire : la parentalité est l'école de l'autoformation et de l'apprentissage sur le tas ! Mais si vous remontez le temps et que vous redeveniez un instant adolescent·e, souvenez-vous : est-ce que vos parents connaissaient (et appréciaient) les chanteurs et chanteuses que vous adoriez ? Est-ce qu'ils utilisaient les mêmes mots que vous ? Est-ce qu'ils ne vous regardaient pas de temps à autre l'air perplexe, ne comprenant pas de quoi vous leur parliez ?

En fait, les choses se déroulent toujours de la même manière : les enfants naissent, créent leurs jeux ; grandissent, se fondent dans leur époque ; deviennent ados et utilisent des codes dans lesquels les adultes n'ont pas leur place. « Oui, mais », allez-vous dire, « ce n'est pas pareil aujourd'hui ! »

Favorisez le dialogue

• Voici quelques thèmes à aborder avec vos enfants, pour mieux comprendre ou évaluer leurs usages, sans juger trop vite leurs choix :
• À propos de jeux vidéo en ligne :
– Avec qui joues-tu en ce moment ?
– Qui sont ces joueurs ?
– Les connais-tu réellement ?
• À propos de leurs jeux favoris :
– Quel est le but du jeu, là, tu m'expliques ?
– Je peux essayer avec toi ?
• À propos des chaînes Youtube :
– Tu regardes quoi comme vidéo ?
– Et dis-moi, pourquoi tu l'apprécies autant ?

● Vous avez encore raison : malgré tout, ce n'est pas tout à fait la même situation, car les usages numériques massifs de notre société exigeraient que des adultes référents aident les enfants et les entourent pour qu'ils utilisent les écrans à bon escient. Et ça... vous pouvez le faire ! Même si vous détestez jouer à des jeux vidéo, même si vous ne saisissez pas l'intérêt d'un réseau social, même si vous ne comprenez rien aux technologies, même si vous ne connaissez pas les mots utilisés par vos ados. Vos enfants n'ont pas besoin d'un professeur d'informatique mais d'un guide éducatif ! Un guide qui rappelle les règles de politesse, les bons comportements, qui choisit ce qui est adapté ou pas, qui explique ce qui est correct ou incorrect, qui trace la ligne entre le permis et l'interdit, qui donne des indications de temps. En somme la parentalité numérique, c'est juste être parent !

Refuser d'être un parent policier

● Vous avez peut-être déjà vécu cette scène : vous êtes dans un jardin, au supermarché, chez des amis ou au parc. Votre petit dernier, en bon aventurier, navigue tout autour de vous, court, à droite, à gauche, explore, farfouille, ne reste pas en place. Vous tournez la tête, vous le quittez quelques secondes du regard et le voilà disparu ! Une panique immédiate vous envahit. L'enfant perdu est cherché, par tous… et retrouvé caché derrière un bosquet, se défendant d'ennemis imaginaires, ou rêvant derrière une rangée de boîtes de conserve, fasciné par la pile immense qui lui fait face. Pour répondre à cette inquiétude, la technologie aurait la réponse idéale : la géolocalisation.

● Géolocaliser son enfant, quelle bonne idée ! C'est rassurant pour les parents et, selon le discours marketing de fabricants d'outils, ce serait également sécurisant pour les enfants. Les options de géolocalisation sont mises en avant partout : dans les smartphones comme dans les montres connectées ou les traceurs pour enfants. Certaines montres proposent des fonctionnalités dignes de films ou romans d'anticipation : la définition d'une « zone de sécurité » au-delà de laquelle une alarme se déclenche, la possibilité d'écouter à distance l'environnement de l'enfant ou encore l'historique des chemins parcourus par ce dernier. Mais que dit là le parent à son enfant ? Que le monde extérieur s'avère dangereux, qu'il vaut mieux qu'il ait un bouton « S.O.S. » pour l'aider en cas de besoin, qu'il n'est pas assez grand, ou intelligent, pour prendre la bonne décision tout seul, mais aussi que Papa et Maman s'inquiètent et que c'est à lui, l'enfant, de les rassurer en utilisant son écran ? Et que vont faire les parents à distance si jamais le point indiquant leur enfant sur leur écran s'écarte de son chemin habituel ou que la montre se bloque ?

● Présentée comme une avancée rassurante, la géolocalisation, d'un point de vue éducatif, transmet un message totalement inverse à ce que tous les parents du monde souhaitent : avoir des enfants confiants, matures et autonomes. Des enfants qui, en cas de difficulté, de retard du bus ou de changement de planning, sauront comment réagir : ils connaîtront par cœur les numéros de téléphone des parents, sauront chez qui se rendre en cas de besoin et à qui demander de l'aide sur la route. Ils auront finalement en tête ce fameux kit de recommandations indispensables que vous avez dû recevoir de la part de vos parents quand vous avez commencé à aller chercher du pain ou à prendre le bus seul·e.

● La géolocalisation brosse dans le sens du poil la tendance naturelle du parent à vouloir contrôler pour mieux accompagner. Si vos parents y avaient eu accès, ils auraient eux aussi été tentés de l'utiliser ! Hélas, vous ne pourrez jamais tout contrôler, dans la réalité comme dans le monde numérique. Mais vous pouvez armer vos enfants de conseils, leur expliquer, dès un jeune âge, que vous êtes là si un jour ils tombent sur des contenus numériques qui les choquent ou les dérangent, leur rappeler au fil de l'eau qu'en ligne comme ailleurs, il faut respecter les autres, demander régulièrement aux ados ce qu'ils regardent et échanger librement avec eux sur leurs usages.

À retenir

• Si vous ressentez un manque de repères, ne vous inquiétez pas ! Vous n'avez pas eu de modèle sur la parentalité numérique et vous êtes bombardés en permanence d'injonctions contradictoires à propos des écrans et des enfants.

• N'écoutez pas votre impression d'illégitimité : vos enfants ont besoin d'être guidés, pas d'un point de vue technique mais éducatif !

• Demandez-vous toujours, quand vous équipez un enfant d'un écran, si l'usage prévu correspond à vos objectifs éducatifs.

• Il est toujours plus facile d'interdire que d'éduquer.

3 Forger sa position éducative

• • •

Les données scientifiques

● Vous avez le droit d'être sceptique : les médias relaient bien des études existantes, non ? Ces chercheurs et médecins qui publient des livres et se démènent pour alerter sur le danger des écrans ne peuvent pas se tromper à ce point ! Pour vous aider à y voir plus clair, commençons par le début et la fin : il n'y a aucun consensus scientifique concernant la dangerosité des écrans pour les enfants.

● Le Haut Conseil de la santé publique a publié en 2020 une analyse des données scientifiques sur les effets de l'exposition des enfants aux écrans et, pour de nombreux domaines passés en revue – la vision, l'audition, l'apprentissage du langage, les troubles relationnels, l'obésité, les troubles émotionnels –, la conclusion est proche : pas de consensus scientifique ou un manque de données fiables. Seuls certains risques traités font pleinement consensus. C'est le cas du sommeil : l'effet néfaste de l'exposition aux écrans est pointé concernant la durée et la qualité du sommeil.

● Nous lisons pourtant dans les médias des résumés d'enquêtes et d'études à foison. Ces rapports souffrent de biais multiples :
– Ils manquent parfois d'informations à la fois sur le contenu précis que l'enfant utilise et sur le contexte d'usage de l'écran mentionné. Quel jeu ou

programme l'enfant utilise-t-il précisément ? À quel moment et dans quel environnement ? Seul ou accompagné ? D'un adulte ou d'un autre enfant ?

– Certaines études tirent des conclusions hâtives. Un exemple simple : l'une d'elles estime que les enfants qui passent deux heures par jour sur des écrans ont de moins bonnes capacités cognitives. Mais est-ce dû à l'usage des écrans, ou est-ce que les enfants les plus attirés par les écrans auraient initialement de moins bonnes capacités cognitives ? Si un bilan en amont de chaque enfant n'a pas été mené, comment savoir ?

– D'autres enquêtes estiment que les écrans sont la cause alors qu'ils ne sont que la conséquence : par exemple, le risque de surpoids lié à la surexposition aux écrans dépend en fait du comportement de l'utilisateur – qui a tendance à moins pratiquer d'exercice physique et à grignoter plus – et non de l'écran en soi.

● Malgré ce flou scientifique, des médecins et pédiatres alertent. Ils expliquent ce qu'ils constatent dans leur cabinet : des enfants en retard de langage ou de motricité, des petits qui ne regardent pas l'adulte et qui n'arrivent pas à se concentrer. C'est une réalité vécue par de nombreux professionnels. Mais nul besoin d'être chercheur ou pédopsychiatre pour comprendre qu'il est excessif de laisser des enfants de trois ans regarder des vidéos six ou huit heures par jour ! Que bien évidemment, le tout-petit va alors prendre du retard dans ses apprentissages élémentaires, dans l'appropriation du langage ou de la marche ! Il s'agit ici d'un usage plus qu'excessif. Ce n'est pas l'écran ni le contenu consulté qui sont en cause en soi, mais une pratique globale inadaptée.

Pour ou contre le contrôle parental ?

• Les contrôles parentaux existent pour chaque appareil. Une loi impose désormais en France que tout appareil connecté à Internet soit doté d'un contrôle parental gratuit.

• Ces outils représentent une aide, surtout pour bloquer des contenus inadaptés.

• Le site *Pédagojeux*, qui gère en France la signalétique d'âges du jeu vidéo PEGI, consacre une rubrique aux contrôles parentaux par type d'appareil ou de navigateur.

• Mais le meilleur contrôle parental au monde, c'est vous, pour le choix des contenus et pour l'encadrement des règles d'usage !

● Les préconisations concernant les temps d'écrans varient selon les pays. L'Organisation mondiale de la santé conseille de son côté aux parents d'enfants de deux, trois et quatre ans une heure au maximum d'écrans par jour, en indiquant que moins, c'est mieux, et invite à remettre le jeu au centre de la vie de l'enfant. En France, nous avons l'habitude d'entendre « pas d'écran avant trois ans ». Faut-il vraiment suivre cette injonction ?

La révélation du vélo

● Pourquoi lire un album numérique sur tablette avec son enfant serait-il interdit ? Qui peut justifier le refus de visionner avec un tout-petit un superbe court métrage de dix minutes ? Et pourquoi donc ne pas jouer en famille à ce jeu vidéo si touchant ou si drôle ? Nous nous trompons ! L'erreur n'est pas d'avoir accepté les écrans dans nos foyers, mais d'avoir accepté que les enfants les utilisent… totalement seuls.

● Avez-vous déjà offert un vélo à votre enfant ? Sûrement ! Quand il ou elle était petit·e, vous êtes allé·e pour la première fois choisir un vélo, un moment important ! Avez-vous opté pour un vélo ou une draisienne ? Quelle couleur avez-vous choisie avec soin ? Et quels accessoires ? Vous vous êtes posé toutes les questions pour que ce matériel corresponde bien à l'usage qu'allait en faire votre enfant. Et puis… votre fille ou votre fils a grandi et, quelques années plus tard, vous avez dû lui trouver un nouveau vélo, plus grand, plus adapté à ses capacités et ses envies. Et quelques années plus tard, vous avez encore recommencé… Autrement dit, à chaque étape du développement de votre enfant, vous avez pris le temps de vous renseigner sur le bon équipement pour le bon usage. Et au départ, vous étiez là, à ses côtés, pour l'aider, l'accompagner, ne pas le laisser se promener seul. Puis, peu à peu, il a appris, vous lui avez donné de l'autonomie, il a grandi.

● Faites-vous de même pour les usages numériques ? Le vrai et grand questionnement qui devrait nous interpeller en tant qu'adultes aujourd'hui, ce n'est pas la dangerosité en soi des écrans pour les enfants : c'est la solitude flagrante des plus jeunes devant les écrans. Nos enfants sont seuls avec leurs appareils : ils ont des tablettes personnelles dès six ans, des consoles à eux dès sept ans, des smartphones dans leurs poches dès neuf ans*, soit des outils d'adultes conçus par des adultes pour des adultes. Nous avons

Source : « La parentalité à l'épreuve du numérique », étude OPEN et Unaf, 2020

confondu l'utilisation pratique de l'outil et son usage réel : car si des bébés peuvent faire le geste du glissé de doigt sur un écran tactile – comme ils voient leurs parents le faire au quotidien –, ils sont bien en peine d'utiliser ledit écran ensuite. Si les enfants savent très bien naviguer sur les réseaux, ouvrir des vidéos YouTube, consulter des contenus sur TikTok, ils n'ont pas de réflexes innés pour faire la différence entre une information écrite ou vidéo vraie ou fausse, et ils n'ont pas de repères pour savoir si ce contenu est adapté à leurs capacités et besoins. Nous, les parents, si !

● L'écran partagé… c'est la clé ! Pas d'écrans non accompagné avant trois ans, avant six ans, avant dix ans ! Autrement dit, pas d'écrans tout seul, sans aucune validation parentale, au moins amont, sur le choix des contenus. Un temps numérique, même avec un enfant de moins de trois ans, devient pertinent si le jeu libre ou le dessin animé est utilisé ou regardé avec les parents ou un autre adulte, si on peut rire, s'émouvoir, réagir ensemble pendant ou après. Et chez les ados ? Comme pour le vélo, vous allez laisser progressivement vos enfants grandir, se forger des compétences et se balader ensuite en autonomie. Avec les ados, c'est également l'échange, la discussion régulière sur les sujets numériques, le partage de contenus ou pratiques, la coréflexion qui vous permettront de ne pas les laisser seuls, d'avoir accès à un avis d'adulte – même s'ils ne sont pas d'accord avec vous !

Les points de vigilance

● Vous pourriez réagir à ces propos en rappelant que, malgré la dualité des études, certains sujets appellent à la prudence. C'est vrai, et nous allons ici nous concentrer sur ces vrais points de vigilance. Le sommeil, que nous avons déjà évoqué, est le premier. Vous connaissez déjà assurément l'effet de la fameuse lumière bleue renvoyée par nos écrans rétroéclairés : elle ralentit la sécrétion de mélatonine, et signale à notre corps qu'il fait jour, retardant l'endormissement. L'idéal serait ainsi de ne consulter aucun écran au moins une heure avant d'aller se coucher.

● Au-delà de la lumière bleue, dont on peut facilement contrer les effets grâce aux filtres préexistants sur la plupart des smartphones, le fait de consulter avant de se coucher des contenus très prenants fait de nous ce que les chercheurs appellent des « dormeurs sentinelles » bénéficiant d'un sommeil moins réparateur que celui de nos ancêtres, car notre cerveau continue, une fois nos écrans posés et nos lumières éteintes, de réfléchir, travailler, être à l'écoute et tisser des liens entre les informations collectées. Et puis, en cas d'insomnie, qu'allons-nous faire si notre smartphone est posé au pied du lit ? Regarder l'heure sur le téléphone, y repérer une notification et être tenté·e d'aller la consulter... Ne serait-ce que pour vous-même, posez vos écrans un peu avant d'aller dormir et achetez-vous un réveil ! Et si on en revient à la parentalité, vous montrerez ainsi l'exemple à vos enfants. Imaginez qu'un enfant voie, depuis tout petit, ses parents mettre leurs écrans de côté avant d'aller dans leur chambre : la règle sera spontanément établie.

● Un second point de vigilance concerne la vue, un sujet qui fait couler beaucoup d'encre, car la fonction visuelle de l'enfant se développe progressivement et, s'il y a détérioration, c'est pour la vie. Là encore, l'éducation va y faire beaucoup : éloignez les écrans des yeux de votre enfant, avec une distance d'au moins cinquante centimètres, faites des pauses visuelles – idéalement de vingt secondes toutes les vingt minutes –, évitez les contrastes trop forts et... reposez les yeux à la lumière. À cause de notre mode de vie actuel, les enfants manquent de temps à l'extérieur et d'exposition à la lumière du jour – c'est pourtant la meilleure des préventions contre la myopie.

❓ Que vaut YouTube Kids ?

• Souvent présenté comme une « sélection » de contenus avec contrôle parental et une application sécurisée pour les enfants, YouTube Kids, de Google, consiste en un filtrage des contenus issus de la plateforme YouTube classique avec des publicités « adaptées ». C'est donc un algorithme qui choisit ce qui va ou non intégrer YouTube Kids et être proposé à vos enfants.

• Un algorithme ne peut faire la différence entre un dessin animé et sa parodie ; il ne peut pas savoir si une chaîne qui se déclare destinée à la jeunesse a des objectifs nobles ; il ne voit pas de mal à proposer des vidéos d'une durée de 1h30 à de jeunes enfants et il n'est doté d'aucun critère de qualité concernant le rythme, la sonorisation, l'animation ou la narration d'une vidéo.

• Évitez donc YouTube Kids et préférez Okoo, qui propose des fonctionnalités proches mais avec une vraie sélection de programmes de qualité. Okoo, également gratuit, est issu de France Télévisions.

● Le troisième point de vigilance illustre à lui seul les risques de la solitude numérique des enfants qui, sans encadrement, se retrouvent confrontés, très jeunes parfois, à des contenus pornographiques ou violents. Si le contrôle parental permet de filtrer les contenus, aucun enfant n'est à l'abri de tomber un jour, via les écrans d'un tiers ou lors d'une banale recherche, sur des images ou vidéos choquantes ou inadaptées. Dans le kit numérique de votre enfant doivent ainsi se trouver, sûrement plus tôt qu'auparavant, des conseils sur ce genre de contenus : prévenez-le, avec un vocabulaire adapté à son âge, qu'il pourra un jour tomber sur des contenus bizarres ou choquants. Non pour lui faire peur, mais simplement pour l'avertir que s'il est confronté à des images ou vidéos violentes, qu'il sache qu'il puisse en parler avec vous. À ce propos, ne jetez pas la pierre si vite au seul smartphone. En effet, de nombreux enfants ont aussi accès librement, dans leurs maisons, à un programme très violent : le JT !

À retenir

• Il n'existe aucun consensus scientifique concernant la dangerosité des écrans pour les enfants. Seules l'influence de l'usage des écrans sur le temps et la qualité du sommeil, ainsi que certaines inquiétudes concernant des impacts sur la fonction visuelle, semblent faire l'unanimité.

• La grande préoccupation que nous devrions partager, nous, tous les adultes, c'est la solitude des enfants devant les écrans !

• Sortez les écrans de vos chambres ! Et adoptez de bons réflexes pour préserver la vue de vos enfant, en éloignant les écrans de leurs yeux et en privilégiant des pauses en extérieur.

4 Endosser son rôle

• • •

Se brosser les dents

● Vous voici averti·e de vos forces et faiblesses... et du manque de points d'appui que vous trouverez autour de vous. Mais vous pouvez compter sur la conviction inébranlable que vous aimez votre enfant et que vous voulez le meilleur pour elle ou lui : lui transmettre une éducation lui permettant de bien grandir, d'évoluer dans le monde, d'apprendre progressivement à utiliser les écrans de manière adaptée et de devenir un·e citoyen·ne éclairé·e. Vous êtes en train de réaliser qu'il va falloir intervenir, répéter, être présent·e, accompagner, c'est-à-dire consacrer du temps. C'est la contradiction de notre époque : nous sommes dotés de tous les appareils et services possibles pour nous organiser, gérer et gagner du temps, et pourtant nous courons toujours après notre planning ou calendrier !

● Alors trouver (encore) du temps pour éduquer aux bons usages numériques, comment serait-ce possible ? Ne vous inquiétez pas ! Le but n'est pas de consacrer des plages horaires entières à ce sujet, mais de le distiller dans votre quotidien. Il s'agit d'un changement d'attitude, pas d'une révolution, car vous allez adapter les suggestions ci-après à votre mode et rythme de vie. C'est comme pour le brossage des dents : combien de fois par jour/semaine/mois répétez-vous ou avez-vous répété à votre enfant qu'il fallait se brosser les dents ? Difficile à estimer ! Tout sujet éducatif exige répétitions, discussions et ajustements progressifs. Les pratiques numériques n'échappent pas à cette règle.

● Prêt·e à changer d'angle ? À partir de maintenant, vous pouvez vous concentrer sur trois réflexes à développer : « Je valide », « J'accompagne », « Je régule ».

Valider les contenus

● Premier réflexe à entretenir au quotidien : la validation des contenus, programmes, jeux, applis, vidéos que vos enfants regardent ou manipulent.

● Vous vous agacez parfois des vidéos que votre fils visionne ? Vous considérez, comparativement à vous au même âge, que votre fille a accès à des jeux en ligne pour « trop grands » ? Vous avez la sensation que votre petit dernier ne devrait pas naviguer ainsi d'une chaîne à l'autre en permanence ? Même si vous ne vous trouvez dans aucun de ces cas, vous seul·e pouvez conseiller vos enfants sur les contenus numériques. Car c'est vous le parent : vous savez ce qui correspond ou ne correspond pas à vos enfants, vous connaissez leurs goûts et leur sensibilité.

● Qu'est-ce qu'un contenu conçu pour un enfant ? C'est d'abord un programme dont on connaît l'origine – le nom et la nature de son créateur. Vous pourrez constater que certaines chaînes vidéo jeunesse ne donnent aucune information sur elles-mêmes, se présentent vaguement avec des phrases toutes faites du genre « Ici tu peux t'amuser », n'indiquent pas leur origine géographique ni leurs objectifs. Confieriez-vous vos enfants pour une activité à un inconnu croisé dans la rue ? La comparaison n'est pas si excessive : vous pourrez lire, dans l'encadré page suivante, l'exemple des vidéos de comptines, censées être créées pour de jeunes enfants. Vous verrez que les sites produisant ces animations ne s'intéressent guère à l'intérêt des enfants qui les visionnent.

● En complément de l'identité et des objectifs du créateur du programme, un contenu conçu pour un enfant a été réfléchi pour lui : les dialogues, l'histoire sont adaptés à un jeune public. Il doit par ailleurs être sécurisé et n'exercer aucune pression commerciale sur l'enfant. Un véritable éditeur jeunesse respecte une éthique forte : il ne confond pas le parent – celui qui consomme et qui achète – et l'enfant – celui qui utilise et qui joue. Toutes les applications gratuites bourrées de publicités ou d'incitations à l'achat n'ont assurément pas été réfléchies pour les enfants.

Le business des comptines

- Rien de plus inoffensif et attendrissant que des vidéos de comptines pour bébés, n'est-ce pas ? Des dizaines de chaînes vidéo mignonnettes proposent des chansons colorées. Et ces petits animés accessibles en un clic semblent ravir les tout-petits.

- Les chaînes de comptines constituent le parfait exemple de contenus dits « jeunesse » pourtant non conçus pour les enfants. Ces comptines suivent toutes la même recette : des graphismes simplistes, des personnages ronds aux grands yeux, des couleurs très saturées et contrastées et une sonorisation rythmée et redondante. Tout pour capter l'attention du bébé ! Et les durées des vidéos sont totalement inappropriées : trente minutes, une heure, parfois deux heures.

- Fuyez ces chaînes aux audiences vertigineuses qui s'intéressent uniquement à leur rentabilité. Un éditeur correct proposera, pour des moins de trois ans, des vidéos de cinq à dix minutes. Les sons y seront bien travaillés, les graphismes doux et variés et les rythmes lents. Nous vous proposons page 119 une sélection de vraies comptines.

● Si l'on creuse la question et que l'on cherche cette fois un programme jeunesse de qualité, on va s'intéresser à différents critères pour en évaluer la pertinence : le texte, les graphismes, la sonorisation et l'ergonomie. Pour les moins de six ans, un contenu de qualité respectera également le rythme et le mode de fonctionnement spécifiques du jeune enfant. Il proposera un déroulé lent, qui laissera le temps à celui-ci de l'explorer et de le savourer, sans chronomètre imposant de réaliser vite un certain type d'actions. Vous avez peut-être déjà vu votre enfant surexcité par un jeu, frustré d'avoir perdu, en colère ? L'une des raisons peut venir du rythme dicté par le jeu lui-même, ou du temps de jeu bien trop important au regard de la capacité d'attention de votre enfant.

● Allez-vous devoir passer votre temps à tester des contenus avant de laisser vos enfants les consulter ? Non, mais votre objectif est de rester attentif·ve. Comme vous le faites avant l'achat d'un jouet, prenez l'habitude de vous renseigner au-delà du « ça a l'air pas mal ». Pour les moins de quatre ans, le numérique représente une petite cerise sur le gâteau du quotidien, un moment court, toujours partagé avec vous. Pour les tranches d'âge supérieures, si vous avez validé le contenu une première fois avec votre enfant, vous saurez ensuite, même s'il l'utilise alors seul, de quoi il s'agit. Vous allez ainsi vous constituer une palette de contenus, votre sélection à vous, une liste blanche de qualité !

● Oui, mais comment faire concrètement pour bien choisir ? Voici quelques pistes. Pour un jeu vidéo, c'est très simple : prenez quelques instants pour regarder des images du jeu sur Internet ; vous trouverez forcément des démos et des vidéos de parties. Concernant les applications, les chaînes vidéo, les films ou les séries, des médias généralistes ou spécialisés proposent des sélections et critiques : menez votre recherche en ligne ! Et puis les avis de votre entourage ou de professionnels de la culture, comme les médiathécaires, vont vous aider à vous positionner. Même si vous n'êtes pas joueur·se ou ne connaissez rien (selon vous) aux sujets numériques, vous pouvez choisir avec discernement : visionnez les images d'un contenu, comparez à votre propre enfance et imaginez votre enfant l'utiliser. Alors, quel est le verdict ?

● Pour les parents d'ados, ce sera bien sûr très différent. Vous n'allez pas dicter à votre ado les contenus qu'il ou elle doit consulter, ce serait un fiasco annoncé. Votre objectif sera plutôt de tisser le dialogue, d'échanger avec lui sur les chaînes qu'il regarde, les réseaux qu'il fréquente, les jeux qu'il apprécie. Cela vous permettra de lui apporter un autre regard et de titiller sa curiosité : « Mais c'est qui, ça, au fait ? Pourquoi prend-il la parole sur ce sujet ? Et elle vient d'où, cette vidéo ? » Et vous pouvez aussi proposer de nouvelles idées, en vous appuyant de nouveau sur des sélections de chaînes ou de jeux.

Accompagner

● Second réflexe à développer au jour le jour : l'accompagnement de votre enfant, petit comme grand ! Nous venons de le voir pour les ados qui, contrairement à ce que pensent de nombreux parents, restent friands d'expériences partagées en famille. Votre fille ou votre fils s'amusera ainsi beaucoup de jouer avec vous à son titre préféré ou ne rechignera pas à vous présenter ses chaînes vidéo de prédilection – à condition que vous ne les critiquiez qu'avec distance, en essayant de comprendre pourquoi elle ou il l'apprécie. Ce sera aussi l'occasion de donner votre avis et vos suggestions de parent : même si votre ado ne les apprécie pas, ils seront prononcés, et c'est là l'important ! L'adolescence est le temps du dépassement des lignes, de la construction personnelle qui passe souvent par la confrontation entre ses propres choix et ceux de ses parents. Les jeunes ont besoin de savoir qu'il y a des règles et que leurs parents en sont les gardiens : cela fait partie du jeu !

● L'accompagnement au numérique va se dérouler de manière progressive : en restant avec les tout-petits, en validant les contenus avec les plus grands, mais aussi, peu à peu, en expliquant aux enfants le fonctionnement de ce monde numérique dans lequel ils sont nés.

L'amour en partage

● Des photos et vidéos d'échographies, de bébés ou d'enfants, beaucoup likées et commentées, envahissent les réseaux sociaux. N'est-ce pas une belle manière de témoigner de son amour envers ses enfants que de les poster ? En réalité, nous les publions d'abord parce que c'est agréable. Nous sommes applaudis car nous sommes si doués (en photo), heureux (en famille), et chanceux (d'avoir des enfants si beaux) !

● Savez-vous qu'en postant sur un réseau social gratuit, vous n'êtes que copropriétaire de vos photos ? Que le réseau l'est aussi ? Et est-ce que votre enfant apprécie aujourd'hui – et appréciera plus tard – cette publication ? Les enfants se doivent d'avoir les mêmes droits numériques que les adultes : le droit d'accepter ou de refuser qu'on partage leur image ou qu'on laisse des traces en ligne sur eux.

● Cela va démarrer par des conseils pratiques, de posture et de préservation de la vue – devant un écran de PC ou une tablette, à tenir suffisamment loin des yeux, sans contraste fort de lumière entre l'écran et l'environnement –, mais aussi de temps de consultation – nous allons détailler ce point dans la section suivante.

● Cela se poursuivra par des recommandations sur le comportement en ligne – « *Dirais-tu, ferais-tu cela dans la vraie vie ?* » –, par l'apprentissage du respect de l'autre – « *As-tu le droit de partager cette photo de tes amis ?* » –, par la découverte progressive des services et réseaux. Transmettez à vos enfants des habitudes saines : se documenter un peu sur les services, navigateurs, services de messagerie, applications qu'ils vont progressivement utiliser et auxquels ils vont confier beaucoup de leur vie. Renseignez-vous ensemble sur les fabricants de matériel ou sociétés éditrices, sur leurs modèles économiques – « *Mais pourquoi tout est gratuit ?* » – et sur leurs engagements écologiques. Il suffit souvent de lire les conditions générales de vente, au moins les points concernant vos engagements et l'utilisation de vos données personnelles, pour en apprendre beaucoup.

● Enfin, votre accompagnement va consister à aider votre enfant à protéger son identité numérique. Faites en sorte qu'il soit suffisamment mature pour poster sur lui-même : il a tout le temps pour mettre en place sa communication personnelle !

Réguler

● Troisième réflexe à adopter : la régulation des usages numériques. Réguler, c'est d'abord alterner, apprendre aux enfants à ne pas passer d'un écran à l'autre mais à varier leurs activités, en intérieur et en extérieur, sur papier ou sur écran ; à prendre des temps de pause, pour simplement rêver et réfléchir, et à conserver des moments de convivialité en famille, par exemple autour de jeux de société (numériques ou physiques). Vos conseils et interventions vont faire la différence. Proposez de temps à autre des temps sans écran, privilégiez des repas sans TV ni smartphone et proposez aux ados des activités communes.

● En complément de cette modulation, arrive la question du temps d'écrans des enfants, un sujet qui cristallise de nombreuses inquiétudes. Faut-il imposer une durée précise alors que le temps global d'écrans devient très difficile à estimer ? Et puis, dès le primaire, les enfants sont invités à effectuer des recherches en ligne ou à consulter des vidéos pédagogiques. L'intérêt du numérique en classe ne vient pas des écrans eux-mêmes mais de l'accompagnement, du choix du contenu proposé, de la pertinence d'une séquence pédagogique numérique au service d'un apprentissage plus global. Votre enfant sera ainsi peut-être amené, dès les petites classes, à consulter un contenu en ligne, via votre ordinateur ou votre smartphone, ou à vérifier les devoirs à faire sur un cahier de textes numérique.

● L'estimation des temps numériques se complexifie pour les familles et encore plus pour les ados qui, pour certains, doivent utiliser au quotidien un ordinateur. Pour que le temps d'usage de votre enfant reste raisonnable, vous pouvez jouer sur deux axes :

– Le premier, c'est le temps de chaque session – et on va s'appuyer là sur la capacité d'attention de l'enfant. À chaque fois que votre enfant de deux ou trois ans utilise un écran, dites-vous qu'il a un temps d'attention de l'ordre de dix minutes. De trois à six ans, de quinze minutes. De six à huit ans, de vingt minutes. De huit à dix ans, de trente minutes. Expliquez ces temps à votre enfant et invitez-le à les respecter, avec votre aide puis tout seul. Vous serez surpris·e par la fierté de votre petit de cinq ans à venir vous voir en vous rendant un écran qu'il aura consulté seul !

– Le second axe, c'est le temps global par jour ou par semaine. Sur ce point, chaque famille a ses propres règles en fonction de son rythme de vie, mais aussi de chaque enfant – tous les enfants ne sont pas attirés par les écrans spontanément et chacun aura des usages spécifiques et des préférences différentes de ceux de ses frères et sœurs. Dans certains foyers, les écrans, sauf scolaires, sont évités les jours d'école. Dans d'autres, un temps global d'une heure par jour est accepté. Ailleurs, ce sera libre pendant les vacances, régulé en période scolaire.

● À vous de trouver le rythme qui vous convient en suivant ces deux axes. Placez votre curseur pour que l'équilibre de la famille et de votre enfant soit préservé. Si ses usages numériques empiètent sur d'autres aspects de sa vie – les résultats en classe, les sorties avec ses amis, les activités extrascolaires – vous devrez réviser la jauge. Pour autant, la question du temps ne doit pas virer à la guerre : expliquez, acceptez des ajustements selon les besoins de votre enfant ; mais, si tout est trop compliqué, du moins temporairement, imposez une heure précise (« *Les écrans, c'est entre 18 et 19 heures et c'est tout !* »), car votre objectif n'est pas de mener une bataille permanente.

● Et comment faire avec une fratrie, avec des âges et des besoins différents ? Sensibilisez les plus grands à ce qu'il y a un âge pour tout. Vous pouvez ainsi leur demander de privilégier des séances de jeux vidéo sur la console du salon quand les plus jeunes seront occupés à autre chose. Et vous expliquerez aussi aux plus petits pourquoi la ressource en question n'est pas pour eux. Les seconds et les troisièmes auront forcément accès plus vite à certains usages numériques, mais c'est comme pour tout !

Et vous-même craquerez de temps à autre en voyant les petits tenter de suivre les plus grands dans des jeux bien trop complexes pour eux.

Le droit à l'imperfection

● Même les plus parfaits des parents en apparence ne le seront jamais! La parentalité, c'est d'abord de l'humain, un instinct, une transmission spontanée. Tous les parents ont un jour allumé un écran pour souffler un peu, avoir le temps de finir une conversation téléphonique ou préparer un repas. Et ce n'est ni grave ni condamnable. Si vous avez validé le contenu en amont, que vous échangez ensuite avec votre enfant sur ce qu'il a regardé ou fait et que le temps de session reste à peu près raisonnable, tout va bien! Vous savez maintenant que l'enjeu de la parentalité numérique n'est pas dans l'instant, mais dans un suivi et un accompagnement des usages au fil des années, jusqu'à ce que votre enfant atteigne l'âge adulte!

● Et puis, par exemple, *quid* du cinéma? Ou du film regardé en famille à la maison? Vous voyez que les règles de temps ont des limites et que passer deux heures ensemble en famille devant un bon film a d'autres vertus : ce temps de partage commun est précieux.

● Faites confiance à votre bon sens de parent : c'est vous le guide! Vous allez montrer l'exemple, donner la main ou le bras pour les passages délicats et transmettre les conseils nécessaires pour atteindre l'autonomie numérique.

À retenir

• Entrer en parentalité numérique, c'est prendre conscience de l'enjeu de ces sujets dans l'éducation des enfants. Vous allez distiller recommandations et accompagnements dans votre quotidien.

• Validez! Choisissez les contenus, avec une liste blanche pour les plus jeunes et des échanges réguliers avec les ados.

• Accompagnez! En montrant l'exemple, en prodiguant des conseils de comportement et en vous renseignant sur le monde numérique.

• Régulez! En privilégiant l'alternance des activités et en donnant des repères raisonnables de temps.

• Mais accordez-vous aussi le droit à l'imperfection! Vous n'êtes pas un algorithme, et heureusement!

RESSOURCES
...

Vous trouverez dans ce chapitre plus de 160 ressources – des sites, des applications, des jeux vidéo, des podcasts... – particulièrement intéressantes pour leur sonorisation, leurs graphismes, leur éthique, leur onirisme ou encore leur pertinence éducative ou ludique.
Ces contenus, issus du monde entier, ont tous été testés, critiqués et choisis en toute liberté. Des icônes vous indiquent s'ils sont gratuits ou payants et sur quelles plateformes ils sont disponibles. L'âge indiqué est l'âge minimum : un jeu accessible à partir de six ans peut parfois être apprécié par des adultes.

- **Narrations 2+** 36
- **Narrations 8+** 48
- **Narrations 12+** 60
- **Jeux 2+** 71
- **Jeux 8+** 85
- **Jeux 10+** 100
- **Arts et musique** 112
- **Créativité** 127
- **Apprentissages** 140
- **Sciences et logique** 152
- **Nature** 163
- **Médias et info** 174

Du haut de l'arbre

MINIBOMBO (ITALIE)

• Présentation

Cette application, adaptée d'un album papier de Silvia Borando, Chiara Vignocchi et Paolo Chiarinotti, nous invite à découvrir les secrets d'un grand feuillu vert pomme. Quand les petites menottes vont pianoter sur la ramure, elles en feront tomber : trois chouettes jumelles, une fourmi sentinelle, deux hérissons maladroits, une girafe acrobate, un rhinocéros trapéziste, un panda rebondissant, un kangourou agile, six oies concertistes, un koala violet, un toucan jongleur, un renne-hélicoptère, une taupe égarée, une souris gourmande, un serpent à pois, un éléphant peureux et un écureuil farceur !

• Notre avis

Cette drôle d'histoire offre un moment de partage numérique bien agréable. Le parent peut demander avant chaque scène : « À ton avis, qui d'autre s'est caché dans les branches ? » L'enfant imagine puis secoue. Un jeu adapté aux tout-petits pour son rythme libre, son temps global court et ses effets de surprise qui feront rire aux éclats les jeunes utilisateurs !

Narrations 2+

Le singe au chapeau

FOX & SHEEP (ALLEMAGNE)

• Présentation

L'auteur jeunesse Chris Haughton signe ici un album numérique joyeux. Il s'agit presque d'un livre d'activités tellement les pages invitent les enfants à interagir avec le personnage, un drôle de singe d'hiver affublé d'un bonnet de laine et doté de deux grands yeux ronds. Le jeune enfant aimera tout de suite ce personnage expressif qui lance ses grands bras en l'air et cligne des yeux d'un air malicieux. Au cours des huit scènes, le petit lecteur accompagne le singe dans ses expériences du quotidien, le fait réagir et l'anime.

• Notre avis

Ce livre interactif s'apprécie en duo, les adultes lisant la page de texte puis animant la suivante avec l'enfant. Attendez-vous à ce que votre enfant se mette à danser ou à se cacher à la manière du singe ! Cette appli peut constituer une première découverte de l'univers de Chris Haughton, un auteur réputé, créateur du chien de *Oh non, George* ou des chasseurs aux bonnets de *Chut ! On a un plan*.

Narrations 2+

Bouquets de films jeunesse

(FRANCE)

• Films-pour-enfants.com

Ce site, édité par une association placée sous le patronage de l'Unesco, veut offrir un accès au cinéma d'auteur aux enfants du monde entier. La promesse est tenue : *Films-pour-enfants*, qui milite pour que les enfants regardent moins mais mieux, propose une sélection de films de très bonne qualité en libre accès, gratuits et sans publicité.  Les courts-métrages, choisis pour leur dimension poétique et leur originalité, durent de deux à dix minutes environ et sont classés par âge, de deux ans à neuf ans.

• Benshi

Cette offre de vidéos jeunesse en streaming a été créée à l'initiative du Studio des Ursulines, une salle de cinéma indépendante parisienne. Sa force vient de la qualité de ses sélections de films, très bien commentées et détaillées et classifiées par âge, de trois à onze ans. On y accède par abonnement, de l'ordre de 5 € mensuels et on visionne les films sur navigateur ou sur l'application *Benshi*.

Narrations 2+

Yétili

DARJEELING, MOVING PUPPET (FRANCE)

• Présentation

Deux souris, les marionnettes Nina et Léon, passent tous les jours la porte de la librairie *Au Yéti qui lit* pour écouter le grand Yétili, un conteur de talent. C'est à chaque fois l'occasion d'une lecture captivante d'un album jeunesse. Pendant huit minutes, un temps de visionnage idéal et suffisant pour un très jeune enfant, le yéti, doté du vrai livre, le raconte et échange avec les souris. Cette série compte quatre saisons, au total quatre-vingt-deux épisodes. Elle est disponible gratuitement sur *Okoo* – les programmes pour enfants de France Télévisions –, en ligne sur le site www.france.tv ou sur l'application *Okoo*.

• Notre avis

Les enfants s'attacheront tout de suite aux souris, pleines de malice et d'enthousiasme, et ils adoreront le grand yéti, si gentil et toujours partant pour une lecture commentée. Pour les parents, *Yétili* a d'autres vertus : l'émission permet de découvrir une sélection pertinente d'albums jeunesse et de voir comment mener une lecture avec des enfants.

Narrations 2+

Cache-cache ville

VINCENT GODEAU (FRANCE)

• Présentation

Que se passe-t-il derrière les murs, les habitacles des voitures, les troncs d'arbre ou les ramures ? Cette grande bâtisse cacherait-elle un crocodile ? Cette grange serait-elle le repaire d'un chiot astronaute ? La ville rouge et blanche d'Agathe Demois et Vincent Godeau réserve de nombreuses surprises. On s'y promène à son rythme, en faisant glisser l'écran à l'horizontale. À première vue, les images restent fixes. Mais en utilisant la loupe rouge placée dans la barre du bas, un autre monde apparaît : des personnages et éléments dessinés s'animent sous forme de scénettes.

• Notre avis

Cette application fourmille d'inventivité et constitue un excellent support de langage auprès des jeunes enfants. L'expérience est à mener à deux, pour imaginer, discuter, rire ensemble des surprises animées disséminées dans les images. Une appli adaptée à des enfants à partir de deux ans, pour un temps de découverte partagée d'une dizaine de minutes.

Narrations 2+

Des podcasts jeunesse
(FRANCE)

• La grande histoire de Pomme d'Api

Pour faire une petite pause en journée, changer de l'histoire du soir lue par vous ou profiter ensemble d'une narration audio, tournez-vous vers les podcasts pour enfants, en plein essor. Pour les plus jeunes, à partir de trois ans, vous pouvez opter pour *La grande histoire de Pomme d'Api*. Le magazine éponyme de Bayard propose en effet chaque mois une histoire audio correspondant à celle parue dans ses pages. Vous trouverez en ligne, sur le site du magazine ou sur les plateformes de podcasts, plus de cinquante épisodes, durant autour de six minutes.

• Une histoire et Oli

Pour des enfants à partir de 5 ans, ne manquez pas *Une histoire et Oli*, une série France Inter. Il s'agit de contes originaux, écrits et racontés par de nombreux auteurs comme Chloé Delaume, Katherine Pancol, Zep, Delphine de Vigan, Guillaume Meurice, etc. C'est presque une centaine d'histoires, d'une durée de sept à onze minutes, qui sont proposées en ligne sur le site de Radio France / France Inter.

Narrations 2+

Dans mon rêve

E-TOILES ÉDITIONS (FRANCE)

★★★★★

Présentation

Dans mon rêve, en réalité, n'est ni un livre, ni un jeu. Cette appli ne foisonne pas d'animations. Et pourtant, elle constitue une expérience innovante de lecture et de création littéraire, une forme réinventée de poésie combinatoire. L'écran est divisé en trois bandes d'images et de textes, les unes et les autres s'associant harmonieusement. Chaque bande glisse sous les doigts pour recomposer une nouvelle image et un nouveau poème.

Notre avis

Dans l'univers onirique de l'illustrateur Stéphane Kiehl, « les ballons font les gros yeux », « les géants ont les pieds rouge et blanc » et « les petits pois cherchent leur chemin » : car c'est aussi lui qui signe les textes de l'application. La poésie est tant à l'image que dans les mots et dans la voix de Tom Novembre qui lit à la demande les créations réalisées. Accessible dès trois ans, l'appli n'est pas pour autant réservée aux enfants : c'est une belle occasion de partager en famille un moment poétique et créatif.

Narrations 2+

Pango rêve

STUDIO PANGO (FRANCE)

• Présentation

Cette application se présente visuellement comme un livre cartonné pour les tout-petits : six gros onglets, disposés à côté de l'image de couverture, accueillent des images colorées. La lune, par exemple, annonce une courte histoire entre Pango le raton laveur et son ami Renard, observateurs complices de la nuit. Cinq écrans interactifs

suivent, avec à chaque page un texte bref et une activité à mener illustrant le déroulé de l'histoire – faire apparaître la lune, effacer les nuages, révéler des constellations ou formuler un vœu devant une étoile filante.

• Notre avis

Sans voix de narrateur, Pango invite à la lecture partagée entre l'adulte qui lit et l'enfant qui anime. La durée des interactions et les sujets traités correspondent bien au très jeune enfant. Vous pouvez ainsi très bien explorer cet album avec un enfant à partir de deux ans, mais il aura besoin de vous pour réaliser les activités.

Narrations 2+

Grand chat Petit chat

MINIBOMBO (ITALIE)

• Présentation

Les plus forts sont-ils les plus courageux ? Les plus petits peuvent-ils aider les plus grands ? Adaptée de l'album éponyme de Silvia Borando, cette application propose aux enfants d'accompagner deux chats dans leurs aventures, en choisissant à chaque étape qui du grand ou du petit va débloquer la situation. Les deux compères se promènent à l'écran et attendent nos actions pour poursuivre leur chemin, le long de murs, dans des maisons ou dans la nature.

• Notre avis

Cette narration sans texte est l'occasion de questionner les enfants sur les thématiques de l'entraide et des a priori liés à l'apparence : pourquoi Petit chat ne pourrait-il pas passer en premier pour traverser la rivière ? Et Grand chat sauter par-dessus la barrière ? Voici une expérience ludique et pleine de surprises, à partager en famille. Et pour ne pas bloquer dans votre progression, sachez qu'il faut d'abord pointer le personnage choisi, puis sa destination afin de le faire avancer.

Narrations 2+

Metamorphabet

VECTORPARK (ÉTATS-UNIS)

★★★★★

• Présentation

L'application *Metamorphabet*, créée par Patrick Smith, met en scène, en anglais, les lettres tels des acrobates de cirque. Le A se verra pousser des bois de cerf (*Antlers*), des lézards (*Lizards*) courront sur les bûches (*Logs*) du L, une chenille (*Caterpillar*) klaxonnera avec ferveur au C tandis que le O finira en orbite (*Orbit*) accompagné d'une orange (*Orange*). Quand toutes les animations d'une lettre ont été actionnées – chaque lettre illustre ainsi plusieurs mots – une étoile s'affiche et c'est sa voisine de l'alphabet qui prend le relais.

• Notre avis

Il existe de multiples alphabets sous forme d'applications, mais il n'en existe qu'un seul réalisé par Patrick Smith ! Celui-ci dénote par la fluidité de ses animations et son style graphique épuré. *Metamorphabet* n'existe qu'en anglais, cette expérience interactive surprenante permettra ainsi à vos enfants ou vous-même d'enrichir au passage votre vocabulaire.

Narrations 2+

Moi, j'attends...

BACHIBOUZOUK (FRANCE)

★★★★★

• Présentation

Cette adaptation du livre papier éponyme de Davide Cali et Serge Bloch est une ode à la fragilité de la vie. On y voit se dérouler, de petites en grandes attentes, la vie d'un personnage croqué au trait noir, petit garçon au départ, monsieur âgé à la fin. Notre petit homme attend… de grandir, un bisou avant de dormir, qu'il ne pleuve plus ou que Noël arrive, puis, plus grand, l'amour ou la fin de la guerre.

• Notre avis

Les instants de la vie sont esquissés en quelques traits et liés les uns aux autres à l'aide d'un fil rouge, l'unique élément en couleur sur la page. L'histoire se déploie, on la regarde et on se laisse porter par la voix d'André Dussollier. Et quand ça s'arrête, on participe en touchant du doigt le fil rouge devenu laine, guirlande ou cordon ombilical. Un bel ouvrage à lire ou à écouter, puis à relire ou à réinventer, un album sur le cycle complet de l'existence, fait autant de bonheurs que d'épreuves.

Narrations 2+

Il était des fois

VALENTIN GALL ET OLIVIER CASTILLE (FRANCE)

★★★★

• Présentation

Cet album chamboule nos habitudes de lecture. Tout d'abord, s'il met en scène des personnages classiques de contes – un dragon, un chevalier et une princesse –, il nous propose de leur attribuer les rôles de notre choix : méchant·e, héros/héroïne ou victime. Une fois la décision prise, on lance l'histoire, qui se présente sous forme de petites bandes d'images monochromes suivies d'un texte – une voix de lecteur peut alors être actionnée. L'idée du choix de l'inversion des rôles est déjà intéressante, mais ce n'est pas tout, car à tout moment, on peut changer d'angle de vue et lire l'histoire vécue par un autre personnage.

• Notre avis

Cet album, fort intéressant dans son principe de multi-narration, est à lire avec votre enfant : il prendra de la valeur avec votre accompagnement, pour renforcer les histoires proposées et pour veiller à ce que les changements d'angles et de personnages ne brouillent pas la compréhension.

Narrations 8+

Biblioquête

FRANCE TV LAB (FRANCE)

• Présentation

Biblioquête propose un parcours en réalité augmentée pour découvrir les livres de référence d'un auteur jeunesse. Dans le premier épisode, nous sommes accueillis par la voix de Timothée de Fombelle, l'auteur, entre autres, de *Tobie Lolness*. Au lancement de l'application, une bibliothèque colorée apparaît devant vous : une page blanche vous invite à la suivre pour dénicher dans les rayons les livres que l'auteur invité appréciait quand il était enfant.

• Notre avis

L'approche originale de *Biblioquête* – faire appel à la réalité augmentée pour donner envie de lire aux enfants – ne pourra pas vous laisser de marbre. Les petits fans de Timothée de Fombelle vont se régaler, mais, même sans connaître l'auteur mis à l'honneur, le parcours intriguera suffisamment pour inciter les enfants à se renseigner sur les ouvrages proposés. Seul bémol : l'application ne fonctionne pas sur certains appareils – ce qui explique notre note globale.

Narrations 8+

La Fontaine Superstar

LUMNI (FRANCE)

• Présentation

À l'occasion des 400 ans de la naissance de Jean de La Fontaine, le site *Lumni* – qui rassemble l'offre des acteurs éducatifs de l'audiovisuel public – a célébré le poète avec des vidéos musicales originales. Des clips illustrent en dessins animés les fables de La Fontaine, chantées ou racontées par six artistes. Olivia Ruiz, Kery James ou encore Catherine Ringer sont ensuite interviewés par les animaux de la fable, afin de savoir pourquoi ils ont choisi cette histoire et comment ils l'ont mise en musique.

• Notre avis

Ces interprétations des fables de La Fontaine sont formidables ! Chaque artiste ou duo s'est emparé à sa manière de la fable choisie, avec une diction et une musique originales. On découvre ou redécouvre les histoires sous un nouvel angle. Les illustrations jouent également un rôle important : les animaux dessinés illustrent la narration et interagissent avec l'artiste, pendant la chanson et après, en endossant le rôle d'intervieweurs.

Narrations 8+

Izneo

IZNEO (FRANCE)

• Présentation

Comment lire de la BD sur écran ? *Izneo*, avec son offre de 9 000 livres et épisodes à lire soit en streaming, soit après téléchargement dans la bibliothèque de l'abonné, s'est imposé comme un poids lourd du secteur. Sur smartphone, tablette, navigateur, TV ou Switch, l'offre permet d'accéder à des BD, des mangas, des webtoons – ce format de BD conçu pour la lecture sur smartphone –, des comics et des romans graphiques.

• Notre avis

Iznéo dispose d'une belle offre d'éditeurs – il faut savoir qu'*Iznéo* compte dans ses actionnaires la Fnac, Dargaud-Lombard, Dupuis, Casterman, Ankama, Bamboo ou encore Bayard. Mais elle s'ouvre aussi aux nouveaux formats de BD, en particulier les webtoons, et à des éditeurs plus confidentiels. Pour la lecture de certains albums, la plateforme propose un mode de lecture case par case, ce qui simplifie fortement la consultation sur un écran réduit par rapport à la taille réelle d'une BD papier.

Narrations 8+

La grande fabrique de mots

MIXTVISION (ALLEMAGNE)

• Présentation

Cette application, issue de l'album éponyme d'Agnès de Lestrade et de Valeria Docampo, met en scène un étrange pays de rouges et de gris, où l'on doit acheter et avaler les mots pour pouvoir les prononcer. À chaque page, le texte se dévoile en bas d'écran – prononcé si on le souhaite par une voix de narrateur. Suit dans un second temps une animation ludique actionnée par le lecteur. Les temps d'animation participent au fil de l'histoire et l'aident à la poursuivre.

• Notre avis

Ce conte, si moderne et poétique, est magnifiquement illustré. Vous pouvez le proposer à des enfants dès sept ans avec votre accompagnement. La navigation dans l'appli manque un peu de fluidité, mais les animations, bien pensées, complètent intelligemment l'histoire. Voici un excellent support de langage pour aborder l'importance des mots, de vrais trésors qui devraient parfois être cachés, gardés en secret, dévoilés sans excès, choisis avec lenteur et prononcés avec ferveur.

Narrations 8+

Nabook

NABOOK (FRANCE)

€ | 8+ | 📖 | 🍎 | 🤖   ★★★★

• Présentation

Nabook propose une approche innovante de la lecture jeunesse. L'offre s'adresse ainsi aux enfants lecteurs ou jeunes lecteurs, à partir de sept ou huit ans et jusqu'à douze ans environ. Les histoires sont issues de livres publiés, mais elles sont présentées différemment des éditions originales. Tout d'abord, les livres sont découpés en « épisodes » ; par ailleurs, les textes, à faire défiler de haut en bas, s'affichent sous forme de bulles de dialogue, comme un échange de SMS, avec de petites illustrations représentant les différents personnages ; enfin, tous les textes bénéficient d'une police adaptée aux lecteurs dyslexiques.

• Notre avis

Nabook rassemble une centaine de romans réadaptés sous forme de bulles de texte. C'est une approche intéressante qui peut aider à motiver des enfants réticents à la lecture. L'accès aux livres se fait via l'application *Nabook* et par souscription d'un abonnement de l'ordre de 6 € mensuels.

Narrations 8+

Le petit trait

BACHIBOUZOUK (FRANCE)

• Présentation

Connaissez-vous la force imaginative d'une simple mine de crayon ? La grande histoire d'un petit trait, adaptation de l'album papier de Serge Bloch, nous le prouve. Tandis qu'un jeune garçon se promène, il trouve au bord du chemin un petit trait qu'il rapporte chez lui et met de côté parmi ses trésors. Mais un jour, le trait l'appelle et lui demande de l'animer. Le lecteur se voit alors doté d'un rôle : dessiner et accompagner la narration tandis que les deux amis, trait et garçon, vont s'amuser, grandir et traverser ensemble toutes les grandes étapes de la vie.

• Notre avis

Ce très bel album sur le thème du cycle de la vie, de l'importance de l'amitié et de la force de l'imaginaire est renforcé par le procédé numérique : on participe à l'histoire qui se déroule sous nos yeux et nos crayonnés. La mise en traits du récit est une idée formidable ! Vous pouvez en tester le principe sur lagrandehistoiredunpetittrait.fr/trailer.

Narrations 8+

Pepper & Carrot

DAVID REVOY (FRANCE)

• Présentation

Une BD en ligne, gratuite et disponible en soixante et une langues ? Bienvenue dans l'univers de Pepper, une sorcière espiègle toujours accompagnée de son fidèle chat Carrot ! Le projet *Pepper & Carrot*, gratuit, libre et open source, est financé par les lecteurs qui le souhaitent. Il s'agit d'une création de l'artiste David Revoy, qui a souhaité proposer une nouvelle approche de l'édition de BD. Une trentaine d'épisodes sont disponibles en ligne, sous forme de grandes illustrations accompagnées de bulles de texte, à faire défiler de haut en bas.

• Notre avis

Sorcière et chat : voici un excellent cocktail, plein de potions farfelues et de malice ! La jeune Pepper va au fil des pages démontrer son courage et sa volonté de résister à son destin tout tracé de méchante sorcière. Et en complément de la BD, vous trouverez sur le site des illustrations, des croquis et des fonds d'écran à télécharger, ainsi que des tutos de dessin.

Narrations 8+

Ma petite fabrique à histoires

E-TOILES ÉDITIONS (FRANCE)

• Présentation

L'application s'ouvre sur un écran composé de quatre bandes de couleurs dotées de quelques mots : cela compose une phrase à lire de haut en bas. En faisant glisser les bandes horizontalement, d'autres propositions de mots s'affichent et recomposent un nouvel ensemble. *Ma petite fabrique à histoires* est l'adaptation d'un album papier de Bruno Gibert. Les bandelettes numériques remplacent celles de papier, et ajoutent une sonorisation du texte par des bruitages choisis avec soin. Écoutez, la ligne de son traverse l'écran poétique !

• Notre avis

La fluidité et la facilité d'utilisation de cette appli la rendent un peu magique. Vous pouvez d'ailleurs la proposer à des enfants plus jeunes, à partir de six ans, surtout si vous ajoutez avec eux vos propres mots, comme un prénom qui se glissera dans la composition. C'est si simple comme idée numérique, mais si étonnant : une très belle réussite !

Narrations 8+

L'école de magie d'Elentil

MES MAINS EN OR (FRANCE)

• Présentation

Cet album constitue la première proposition de livre numérique tactile adapté aux enfants malvoyants. On démarre devant l'école de magie d'Elentil, un établissement fameux qui forme les plus grands sorciers et sorcières. Ici, les images n'ont pas grande importance, l'interaction avec les illustrations ne se déroule pas comme d'habitude :

inutile de tapoter et swiper ! Fermez les yeux, détendez-vous, écoutez bien et suivez le narrateur. Vous allez choisir entre plusieurs options de scénario, faire les gestes adéquats, et mener ainsi votre histoire audio à terme.

• Notre avis

Ce livre pourrait au premier abord dérouter vos enfants. Dites-leur de bien écouter les consignes dans le « règlement » de l'école afin de savoir comment revenir à l'accueil, réécouter les conseils et afficher le sommaire. Voyants ou malvoyants, voici une proposition intéressante pour tous et une mise en valeur pertinente de la force et de l'importance du son.

Narrations 8+

Pipo et l'histoire inachevée

SLIMCRICKET (FRANCE)

• Présentation

Cet album interactif met en scène Pipo, un lutin peureux et maladroit, personnage principal d'une histoire loufoque inversant les codes des contes de fées. Pipo n'est pas un lutin comme les autres : légèrement bedonnant, ce grand et frêle personnage ne brille pas par son courage. Appelé à la cour du roi, il se met en route, dans un environ-  nement en 3D. Dès le premier tableau, il bute sur une difficulté… Comment continuer à avancer ? Heureusement, il va pouvoir compter sur le lecteur pour l'aider !

• Notre avis

Cette histoire demande en permanence l'action du lecteur, doté de pouvoirs au fur et à mesure du déroulé. L'enfant va devoir compléter un coloriage magique axé sur la lecture (trois niveaux de jeu sont paramétrables en page d'accueil), effacer des éléments, en attraper d'autres, jouer du luth ou remporter une course de carrosses. Pipo plaira dès six ou sept ans, en partage avec les parents ou leurs aînés.

Narrations 8+

Bulle

YANN IMBERT (FRANCE)

• Présentation

Cette narration sans texte raconte l'histoire de Bulle, une jeune taupe embauchée dans un cinéma, qui rêve de voyages et de découvertes. Un jour, elle troque sa casquette d'ouvreuse contre un chapeau d'exploratrice. La narration se déroule au rythme des actions à mener à l'écran : le lecteur manipule l'image et secoue régulièrement la tablette !

Bulle a été réalisée dans le cadre d'un projet étudiant à l'Enjmin, l'École nationale du jeu et des médias interactifs numériques.

• Notre avis

Voici une histoire interactive bien travaillée visuellement, accompagnée d'une bande-son intéressante. Elle aborde des sujets très actuels : le sens d'un métier, l'implication dans une cause juste et la protection des sites naturels. Prenez le temps d'animer chaque scène avec les enfants, en décrivant ensemble les images afin de bien en comprendre le sens ; vous pourrez alors profiter de *Bulle* avec des plus jeunes, dès six ans.

Narrations 8+

SwapTales : Léon !

WITTY WINGS (FRANCE)

★★★★★

• Présentation

Léon le petit garçon ne souhaite qu'une seule chose : grandir, et vite ! Quoi de plus banal pour un démarrage d'album. Pourtant, vous allez vite comprendre l'originalité de ce livre numérique : en touchant certaines zones de l'image, les mots du texte vont se surligner. Vous pourrez dès lors les déplacer pour les inverser, changer le sens des phrases… et transformer automatiquement l'illustration. À partir de là, tout est possible : à vous de trouver les bons mots pour que l'histoire puisse continuer !

• Notre avis

Cet album-jeu plaira à tous, enfants et adultes, à partir de neuf ou dix ans en solo. Mais il constitue également un excellent outil pour les apprentis lecteurs, en duo avec un plus grand ou un adulte. L'enfant peut lire uniquement les mots-clés et s'amuser à les déplacer dans le texte. L'expérience, pleinement ludique, donne très envie aux enfants (et aux adultes) de réussir le challenge proposé et… oblige à comprendre le sens de la phrase en cours.

Narrations 12+

Assemble with Care

USTWO (ROYAUME-UNI)

★★★★

• Présentation

La maxime d'*Assemble with Care* (« assembler avec soin ») pourrait être : « Qui répare les souvenirs soigne les mémoires. » Les créateurs de *Monument Valley* nous proposent un voyage textuel, une narration ludique, une histoire bien attachante. Maria, une jeune femme restauratrice, nous raconte son passage dans la ville de Bellariva. Son métier – redonner vie aux vieux objets – l'amène à rencontrer des personnages brisés. Chaque chapitre se lit de haut en bas en faisant défiler l'écran, et est suivi d'une mise en situation des réparations de Maria grâce à un jeu d'assemblage, là d'un magnétophone, ici d'une montre à aiguilles.

• Notre avis

Portée par une ergonomie limpide, cette application ne demande pas de réflexion complexe, la partie ludique est à la portée de tous. Ce jeu narratif est inclus dans l'abonnement Apple Arcade et se télécharge sur PC. Il ne visait pas le public jeunesse, mais il peut pourtant être proposé à de jeunes lecteurs, dès huit ou neuf ans.

Narrations 12+

Le Dernier Gaulois

FRANCE TÉLÉVISIONS, PROGRAM33, RED CORNER (FRANCE)

• Présentation

« Nous marchons tous vers la grande bataille et je pense à ce que je laisse derrière moi. Je pense à ma famille. À mes terres. À mon peuple. » Dans cette BD en six épisodes, vous allez ressentir les émotions d'Apator, le bras droit de Vercingétorix. L'image prend tout l'écran et se déroule de haut en bas, sans transition visible, avec une fluidité étonnante. Vous  scrollez et vous passez d'un gros plan sur un visage à un ciel étoilé, accompagnés par la voix de Frédéric Van den Driessche.

• Notre avis

Cette BD, écrite avec brio par Kevin Keiss et illustrée avec finesse par Lucy Mazel, est en réalité le *prequel* du film *Le Dernier Gaulois* – qui vise à montrer différemment la Gaule selon les dernières découvertes archéologiques. L'expérience, étonnante et très agréable, plaira à un public large, mais des adultes apprécieront aussi. En complément, dès neuf ou dix ans, *Lumni* propose des jeux associés : lumni.fr/jeux-educatifs/le-dernier-gaulois/

Narrations 12+

La Ferme des animaux d'Orwell

NERIAL (ROYAUME-UNI)

• Présentation

Voici une adaptation illustrée du roman de George Orwell, publié en 1945, qui dépeint la vie d'une ferme où les animaux ont pris le pouvoir sur le fermier qui les exploitait. Vous allez ici guider, au rythme des saisons et durant sept ans, les différents groupes d'animaux dans leurs décisions, en vous assurant que les réserves de la ferme soient toujours remplies et que les principes de l'Animalisme soient respectés de tous. Le texte est en français mais la voix de lecture, si vous souhaitez l'activer, n'existe qu'en anglais.

• Notre avis

Cet album à embranchements, accessible à partir de douze ans, est une belle réussite du point de vue du déroulé comme de l'illustration. Il respecte parfaitement l'œuvre originale… si bien que le joueur/lecteur a finalement peu d'influence sur la narration, qui correspond toujours à la vision de l'auteur. Ce jeu a cependant une vertu incontestable : donner envie de lire ou relire le roman d'Orwell !

Narrations 12+

Panama Al Brown

BACHIBOUZOUK, ARTE (FRANCE)

• Présentation

Panama Al Brown, L'Énigme de la force est une adaptation de la BD éponyme, mise en ligne sous forme de webtoon – ce format de BD qui consiste à scroller de bas en haut pour dérouler la narration. On y suit Jacques, un reporter missionné pour écrire un article sur l'entrée de Jean Cocteau à l'Académie française, mais qui finira par partir à la découverte d'une des relations de l'auteur : Alfonso Brown, mieux connu sous son nom de ring, Panama Al Brown. Cette figure de la boxe a défrayé la chronique dans les années 1930, avec son destin unique, lui qui détestait la boxe et qui devint pourtant champion du monde des poids plumes.

• Notre avis

Cette narration propose un mélange de traitements très innovant : on découvre la vie du boxeur panaméen à travers le trait de crayon d'Alex W. Inker, mais aussi via des photos et vidéos d'archives. Et l'ensemble est porté par une excellente bande sonore jazz. À lire et écouter avec un casque.

Narrations 12+

L'Odyssée 2.0

CAMILLE PRIEUR, VINCENT MALGRAS (FRANCE)

• Présentation

L'Odyssée 2.0 a été réalisée dans le cadre d'un diplôme à l'École des arts décoratifs de Paris. Cette BD numérique, sonorisée et animée, se déroule en scrollant de haut en bas, automatiquement ou à votre rythme. Les illustrations alternent entre de grandes images et des séries de petites cases juxtaposées, avec un relais judicieux entre images animées et statiques. La lecture est conseillée sur Chrome ou sur Firefox via : odysseedeuxpointzero.prieur-malgras.com

• Notre avis

Entendez-vous le vent siffler dans les sables ? Un Amérindien sort d'une tente, rejoint son cheval qui piaffe d'impatience et part à l'aventure parmi les Rocheuses. Mais où va-t-il ? Pourquoi braver les dangers et les tempêtes et manquer de périr ? Cette BD pleine d'humour – vous aurez la réponse à ces questions sur l'écran final – s'inspire des codes du western pour nous proposer une parodie fort bien mise en illustration et en animation.

Narrations 12+

Inua - A Story in Ice and Time

ARTE, THE PIXEL HUNT, IKO (FRANCE)

• Présentation

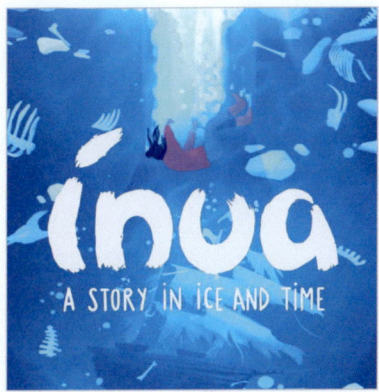

Inua est un jeu narratif basé sur l'histoire vraie de la disparition de navires de l'expédition John Franklin, partis explorer le cercle arctique dans les années 1840. Il se déroule sur trois temporalités, au travers de trois personnages : en 2016 avec Taïna, une journaliste reporter, en 1954 avec Peter, un documentariste, et en 1848 avec Simon, l'un des matelots de l'expédition. À chaque fois, le joueur accompagne les héros en collectant les pensées des différents personnages qui les entourent afin de les manipuler et de découvrir leurs motivations.

• Notre avis

Bien qu'*Inua* soit présentée comme un jeu, il s'agit en fait d'une véritable expérience narrative, historique, mythologique et sonore. Elle permet de découvrir la culture des peuples inuits confrontée à celle des explorateurs occidentaux. Les visuels minimalistes et l'ambiance sonore très travaillée rendent cette aventure formidable.

Narrations 12+

Wattpad

WATTPAD (CANADA)

• Présentation

Savez-vous si vos enfants lisent et écrivent sur leurs smartphones ? *Wattpad* fait partie des plateformes de lecture et d'écriture très fréquentées par les adolescents et jeunes adultes. Le site revendique une communauté de 90 millions de lecteurs et écrivains à travers le monde. Il est d'ailleurs devenu un tremplin pour des talents, les mettant en relation avec des maisons d'édition ou des sociétés de production. L'inscription sur la plateforme est gratuite et les ouvrages se lisent sur navigateur ou sur l'appli.

• Notre avis

Ce sont ici des milliers de narrations accessibles, en français et dans plus de 50 langues différentes. Bien sûr, la qualité des propositions varie en fonction de la maturité des auteurs et auteures, mais des concours récompensent les créations les plus abouties. D'ailleurs, une partie des histoires est désormais payante. Cette plateforme est un excellent moyen d'inciter à la lecture et de décomplexer l'écriture.

Narrations 12+

Florence

ANNAPURNA INTERACTIVE (ÉTATS-UNIS)

• Présentation

Florence raconte, sous forme d'illustrations interactives, sans texte, l'histoire d'une jeune femme de vingt-cinq ans prise dans une routine quotidienne ennuyeuse. Arrêter le réveil, se brosser les dents, prendre les transports, liker les posts sur les réseaux sociaux : vous ferez tout ceci à la place du personnage principal, aidant ainsi l'histoire à se dérouler. La narration passe par une rencontre amoureuse, le quotidien à deux, la séparation et la reconstruction.

• Notre avis

Florence est une narration interactive pour adulte, à la frontière de la BD et de l'animé. L'expérience, portée par une bande-son de qualité, vous intriguera, tout comme les jeunes à partir de quatorze ans. Cet album évoque en fait la recherche du bonheur intérieur : la rencontre amoureuse remémore en effet à la jeune femme son côté artistique, ce qui va lui permettre, malgré la rupture, d'évoluer et de changer d'angle de vue et de vie.

Narrations 12+

Phallaina

SMALL BANG, FRANCE TÉLÉVISIONS (FRANCE)

• Présentation

Phallaina est une « bande défilée », terme choisi par son auteure, Marietta Ren, pour parler de cet ovni sans cases, à lire à l'horizontale. Les illustrations défilent de gauche à droite, avec des transitions et changements de plans très maîtrisés. Le lecteur déroule l'histoire sans contrainte de temps, en glissant l'index à son rythme. Cette BD d'un nouveau genre oscille entre science et mythologie : l'héroïne, Audrey, en cherchant l'origine de crises et d'hallucinations qui rythment sa vie, se découvre une anomalie au cerveau qui lui donne une aptitude extraordinaire à l'apnée.

• Notre avis

La sonorisation travaillée, nullement envahissante, accompagne la narration avec bonheur. Cette expérience de lecture épurée nous plonge entièrement dans une ambiance feutrée, et souvent angoissante au vu de l'histoire. Une vraie réussite, grâce également à une ergonomie sobre et efficace, mais à réserver à des ados et adultes.

Narrations 12+

Enterre-moi, mon amour

THE PIXEL HUNT, FIGS, ARTE (FRANCE)

• Présentation

Cette application fait partie de la catégorie des ressources que nous avons appelées les « livres SMS », des récits interactifs où le joueur est engagé dans un échange de textos avec le personnage principal et doit choisir entre plusieurs propositions pour lui répondre. Ici, nous incarnons Majd, le mari de Nour, une jeune femme qui décide de quitter la Syrie pour rejoindre l'Europe. Nous allons devoir l'aider et la conseiller à chaque étape : doit-elle traverser cette frontière par la route ou prendre l'avion ? Donner plus d'argent à ce passeur ou bien changer de direction ?

• Notre avis

L'expérience s'avère très immersive : nous portons la responsabilité des choix de Nour, qui peut risquer sa vie suite à un mauvais conseil de notre part. Cette application permet de faire ressentir les difficultés des réfugiés et la dangerosité de leurs périples. Il est d'ailleurs possible d'y jouer en temps réel. À réserver à des jeunes d'au moins quinze ans.

Unmaze

ARTE, UPIAN, HIVERPROD (FRANCE)

• Présentation

Ce jeu narratif revisite librement et modernise le mythe du minotaure en utilisant le principe que nous avons nommé « livre SMS ». Vous incarnez Ariane, une jeune fille dotée d'un moyen de communication étrange – un cristal qui s'exprime au travers de votre écran. Ariane peut ainsi échanger des messages avec Thésée et Astérion, deux adolescents, l'un son petit ami, l'autre son frère, tombés dans un labyrinthe. Ariane va tenter de les sauver en interagissant avec eux… mais pas en même temps ! En plaçant votre écran dans la lumière, vous aiderez Thésée ; dans l'ombre, vous accompagnerez Astérion.

• Notre avis

Qui allez-vous sauver ? Telle est la question que vous vous poserez en permanence. Le scénario n'est pas figé, huit fins sont possibles selon les décisions que vous prendrez. Cette narration, très originale dans son principe, portée par les graphismes de Florent Fortin, nous entraîne dans les tréfonds de l'âme humaine.

Jeux 2+

Pok Pok Playroom

POK POK (ÉTATS-UNIS)

★★★★★

• Présentation

Pok Pok Playroom propose, à l'heure où nous écrivons ce guide, treize jeux destinés aux deux à six ans. Vous y trouverez par exemple un tapis de jeu virtuel, un espace de dessin, un fouillis de boutons, un grand imagier, un espace musical, des cubes à associer ou encore de grands tableaux à explorer. De quoi éveiller au langage, à la musique, au dessin, et surtout favoriser les expériences et les rires partagés.

• Notre avis

Pok pok a tout compris ! Une proposition numérique pour le jeune enfant devrait être un lieu de découverte libre, sans consignes, sans pression ni rythme imposé, une zone intrigante titillant la curiosité et la créativité et un temps de partage avec ses parents. Cette appli répond en tout point à cette description ! Elle bénéficie de plus de graphismes avenants et colorés, d'animations douces et d'une sonorisation calme. Elle ne fonctionne cependant que sur Apple et après souscription d'un abonnement mensuel.

Jeux 2+

Tout le contraire

MINIBOMBO / TIWI (ITALIE)

★★★★★

• Présentation

Tout le contraire, destiné aux jeunes enfants, présente des scénettes interactives déclenchées par des choix progressifs faits par l'utilisateur. Grand ou petit ? Proche ou éloigné ? Devant ou derrière ? En fonction de l'option choisie, l'animal sélectionné – il y en a huit – poursuit sa route différemment.

• Notre avis

Cette application prendra de la valeur en l'expérimentant à plusieurs : vous lirez aux plus jeunes les choix proposés, serez étonnés ensemble de la signification réelle des mots et rirez des effets sur les animaux de l'appli. Un éléphant aux pattes de girafe, un crocodile au ventre rebondi ou un lapin dépressif : c'est vraiment drôle et bien animé. Quand tous les animaux auront été transformés au gré de vos envies, l'appli prendra une photo de la nouvelle troupe et tout redeviendra comme avant. Un régal en famille ! Poursuivez l'idée en demandant à vos enfants de vous citer des contraires, existants ou farfelus.

Jeux 2+

Zoo pour enfants

FOX & SHEEP (ALLEMAGNE)

• Présentation

Ce zoo extraordinaire, créé par Christoph Niemann, met en scène et en animation des animaux de toutes sortes. Le jeu démarre par un crayon qui s'affiche à l'écran et dessine tout seul un chapeau de magicien. Un lapin en sort sagement et attend. Que le spectacle commence ! En faisant glisser le doigt de bas en haut, de haut en bas, de gauche à droite et de droite à gauche, l'image centrale va se transformer.

• Notre avis

Cette appli est drôle, inventive et réjouissante, et elle nous donne une belle leçon de créativité : il suffit d'un fond de couleur, de quelques photos réelles et de gros traits noirs pour provoquer chez les petits et grands des rires, pensées et rêveries. La musique est également travaillée avec soin : elle accompagne, sous forme de bruitages ou de bande-son, les mouvements de la scène. Ce trio de qualité – animation, illustration et musique – et une belle dose d'espièglerie rendent ce jeu atypique irrésistible.

Jeux 2+

Un jeu

BAYARD (FRANCE)

• Présentation

Cette application est un prolongement de l'album *Un livre* d'Hervé Tullet, auteur jeunesse réputé pour ses œuvres et architectures de papier. Elle est disponible soit sur l'App Store, soit au sein de l'application *Bayam*, un bouquet de ressources jeunesse de qualité (vidéos, jeux, lectures et ateliers) édité par Bayard et accessible en souscrivant 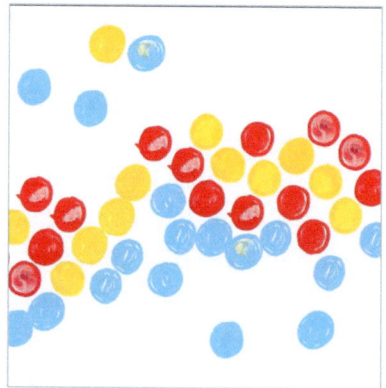 un abonnement. Dans *Un jeu*, l'enfant explore à sa guise et souvent sans consignes quinze expériences ludiques accompagnées de musiques ou bruitages. *Bayam* propose deux autres programmes d'Hervé Tullet : des vidéos de l'artiste incitant à la création libre.

• Notre avis

Un jeu nous fait entrer dans un espace imaginaire, nous permet de rêver et donne corps à la création. Les tout-petits vont aimer, mais les plus grands pourront aussi s'en emparer en cachette. Car ces ronds-là, comme de petites pierres dans l'eau, tombent sur la tablette et la font bruisser, vibrer et devenir tout simplement belle.

Jeux 2+

Oh ! L'appli de dessin magique

LUDOCUBE (FRANCE)

• Présentation

De simples gommettes, alignées sur le bord de l'écran, une page blanche séparée par un trait central : voici le cadre créatif de *Oh ! L'appli de dessin magique*, une initiative de Louis Rigaud et Anouck Boisrobert, auteurs de l'album pop-up *Oh ! Mon chapeau*. Les enfants vont créer, avec ce matériel, des tableaux multiples, et ils seront étonnés à chaque action, car une forme placée au-dessus ou en-dessous de la ligne se comportera différemment. Un rectangle vertical en haut de l'écran composera un avion, mais, en bas de l'écran, se transformera en personnage chapeauté. Et ce n'est pas tout : en touchant d'un doigt le même rectangle, il va pivoter et devenir là une grue, ici un banc.

• Notre avis

Rares sont les applications adaptées à un très jeune âge, où le jeu est libre, l'imaginaire non bridé et la créativité préservée. *Oh ! L'appli de dessin magique*, au succès assuré, en est un merveilleux exemple. Ah, et n'oubliez pas de faire pivoter la tablette tout entière : oh, la superbe surprise !

Jeux 2+

Fiete Farm

AHOIII (ALLEMAGNE)

• Présentation

Un coq se met à chanter, des vagues refluent calmement vers la rive et des mouettes crient dans l'aube. Une grande et belle illustration se présente à vous et évolue avec votre glissé de doigt sur l'écran. *Fiete Farm* propose aux plus jeunes une excursion dans un paysage mis en scène et en sons avec brio. L'exploration de l'image se complète de petits jeux pleins d'humour. Les enfants vont ainsi aider trois marins dans leurs tâches quotidiennes : ramasser les œufs des poules, déterrer les carottes ou tondre les moutons.

• Notre avis

Cette très belle proposition conviendra bien aux (grands) bébés, car chaque jeu a un temps de réalisation très court. Et une fois l'ensemble des mini-jeux réalisés, les enfants pourront profiter du feu de camp devant la mer et voir les trois marins se faire griller des chamallows. Un vrai bonheur à partager avec des enfants dès dix-huit mois. Les autres applis de l'éditeur – dont certaines présentes sur le Play Store – valent également le détour.

Jeux 2+

Labo Feuilles

LABO LADO (CHINE)

• Présentation

Dans cette appli, l'enfant va recomposer un animal ou un personnage en feuilles d'arbres. Il commencera par choisir l'une des feuilles rangées en bas de l'écran et la positionnera en s'aidant des pointillés qui démarquent sa place. Il bénéficiera ainsi d'une aide mais devra néanmoins garder au doigt l'élément pour l'emmener au bon endroit : un geste difficile ! Papa ou Maman seront de toute façon là pour l'aider. Une fois l'animal recomposé et paré de couleurs automnales, il suffira de valider en haut à droite… Vache, cochon, poule, girafe ou chien vont apparaître et s'animeront !

• Notre avis

L'automne arrive ? Les feuilles dorent, brunissent et rougeoient, et les enfants courent après ces trésors volants pour en faire des bouquets ou des guirlandes. Alors n'hésitez pas à poursuivre l'expérience en ramassant des feuilles avec vos enfants pour créer sur papier de nouveaux animaux amusants !

Jeux 2+

Pango Cache-cache : Conte 2 fée

STUDIO PANGO (FRANCE)

★★★★

• Présentation

Pango le raton laveur nous propose ici un jeu de « cherche et trouve » dans l'univers des contes. Il va falloir retrouver des objets cachés dans des tableaux inspirés des histoires du *Petit Chaperon rouge*, des *Trois Petits cochons*, du *Chat botté*, de *Jack et le haricot magique* et de *la Petite Sirène*. En bas d'écran s'affiche la liste des éléments à dénicher. Une fois tous les objets et personnages retrouvés, une animation se lance, illustrant progressivement le conte dans lequel on se trouve.

• Notre avis

Très classique dans son principe, ce jeu tire son originalité de son déroulé, car les trois tableaux racontent en condensé les étapes du conte. Proposez cette appli à vos enfants – après avoir lu les contes correspondants – en les guidant et en évitant de cliquer sur la loupe d'aide. Prenez le temps d'observer et de commenter avec eux les détails des images. Avec un accompagnement, *Pango Cache-Cache* révèle tout son intérêt et son humour.

Jeux 2+

Under Leaves

CIRCUS ATOS (RÉPUBLIQUE TCHÈQUE)

• Présentation

Il s'en cache, des choses, dans le monde d'*Under Leaves*, sous les feuilles automnales, dans le fouillis luxuriant de la forêt tropicale, parmi les herbes rouges de la savane ou au cœur des cristaux de la banquise ! Les animaux qui peuplent ces zones naturelles vont inviter vos enfants à chercher pour eux dans de grands tableaux des petits poissons, des papillons, des oursins, des fleurs étoilées ou des vers dorés. Un grand travail s'annonce : les trésors dissimulés se fondent drôlement dans le décor !

• Notre avis

Si le principe du jeu est toujours le même, celui-ci s'avère parfois ardu : il faut écarquiller les yeux et s'y mettre à plusieurs pour repérer les éléments cachés dans les coraux ou glissant le long des lianes de l'Amazonie. Voici un bien joli jeu de patience, présenté sous forme de planisphère, agréable à notre œil mais aussi à notre oreille, bercée par les frémissements de la forêt nocturne ou les pépiements d'oiseaux.

Village Sago Mini

SAGO MINI (CANADA)

• Présentation

À la manière d'un jeu de construction, *Village Sago Mini* permet aux enfants de créer des maisons, des boutiques ou des châteaux pour de petits lutins malicieux. On construit grâce à des blocs, de terre, d'herbe, de pierre ou de bois, à placer librement à l'écran. Et chaque bloc représentant une fenêtre ou une porte y fait apparaître un gnome qui patiente jusqu'à ce que l'enfant vienne le chercher. Les personnages sont dotés d'expressions et de sons aléatoires : ils sourient, éternuent, saluent ou encore s'étonnent.

• Notre avis

Ce jeu propose un matériau ludique à utiliser à sa guise ; il prend tout son sens quand on décide de mener une vraie réalisation : un grand escalier ou un potager, une maison dans les arbres ou encore une boutique de potions. Le nombre de blocs et formes proposé est suffisamment large pour répondre à l'imaginaire de chacun. Mais pensez à faire une capture d'écran afin que votre enfant garde une trace de sa création !

Jeux 2+

Zéphyr, la maison fantôme

VOLUMIQUE (FRANCE)

• Présentation

En complément du petit livre *La Maison fantôme* d'Étienne Mineur, l'application *Zéphyr, la maison fantôme* est un jeu de société pour deux à quatre joueurs. La tablette est placée à plat sur la table. Grincements de porte, sons de piano désaccordé, pluie battante, roulements de tambour… ça démarre. Des éclairs jaillissent à l'écran. Un fantôme va apparaître. Regardez bien, écoutez bien ! Qui va sortir de la maison ? Et à quelle porte faut-il placer votre pion pour l'attraper ?

• Notre avis

À la fois jeu d'observation, de rapidité et d'écoute, cette appli exige de la concentration. Sept types de fantômes composent la famille, dont certains dotés d'un comportement aléatoire, ce qui rajoute du piment au jeu – car au fur et à mesure, vous connaîtrez les sons et déplacements des membres de la famille. Si vous faites l'acquisition du livre associé, vous y trouverez une petite maison prédécoupée à plier, coller et placer sur la tablette.

Jeux 2+

Tiny Wings

ANDREAS ILLIGER (ALLEMAGNE)

• Présentation

Cette application permet d'organiser des courses d'oiseaux endiablées. Chacun a la charge d'un volatile, un oisillon doté d'ailes minuscules *à priori* peu adaptées à la prise d'altitude. Heureusement, le pays de *Tiny Wings* s'avère très vallonné. Une simple pression sur l'écran vous permet de fermer les ailes de votre oiseau : gardez bien le doigt en place pendant les descentes, et dès que la montée arrive, levez les mains ! Puis redescendez au moment opportun ! Les jeunes joueurs pourront aussi participer, car, même sans action de leur part, l'oiseau continuera d'avancer. Par ailleurs, des aides disposées sur le chemin permettent à l'oiseau de bondir haut dans les airs tout en s'écriant « Youhou ! »

• Notre avis

Voici un jeu joliment conçu dans un décor onirique tout en couleurs et en rayures. On peut y jouer en solo, mais les parties les plus intéressantes se font à deux. Peu à peu, toute la famille va acquérir plus de dextérité, et enfants et adultes tenteront de gagner la course et d'arriver en premier au nid.

Jeux 2+

Albert

FINGERLAB (FRANCE)

• Présentation

Dans ce jeu familial par excellence, enfants et adultes sont invités à aider Albert au cours de sa journée, du petit déj à la soirée, tout en résolvant des défis variés. Il va falloir attraper le pain grillé à temps, faire glisser la savonnette jusqu'à la baignoire, gonfler des ballons, rassembler des paires de chaussettes, avaler des bonbons, promener le chien ou encore gagner la course d'escargots.

• Notre avis

Avant toute chose, les graphismes valent le coup d'œil : on se croirait dans un film d'animation de qualité. On doit ce travail à la plasticienne Chloé Mazlo. Cet univers visuel et narratif est très adapté aux enfants, même aux plus jeunes – une chose rare. Mais derrière son air de bonhomme nonchalant, Albert aime le suspense. Réussir un tableau permet d'en débloquer d'autres – il y en a dix-neuf. Et si vous avez terminé les jeux, il vous faudra encore chercher dans chaque écran où se cache le trésor.

Jeux 2+

Chuchel

AMANITA DESIGN (TCHÉQUIE)

★★★★★

• Présentation

Imaginez un personnage colérique, motivé, réactif, drôlissime : voici Chuchel, une boule d'énergie orange coiffée d'un chapeau de lutin. Réveillé par nos soins en début de jeu, Chuchel s'apprête à déguster son mets préféré : une belle cerise rouge. Hélas, une main noire, sortie du ciel, va venir attraper le fruit adoré pour l'emporter dans un second tableau. C'est le début de folles aventures, remplies d'humour et de comique de répétition, menées tambour battant par Chuchel et Kekel, une petite créature violacée qui convoite également la cerise. Ce duo comique ne s'arrêtera jamais, tentant de résoudre chaque situation avec notre aide et notre sens logique : casse-tête et jeux d'adresse vont pleuvoir !

• Notre avis

Chaque tableau est l'occasion de faire rire et de surprendre le joueur, le tout dans un univers étrange et farfelu. On retrouve ici la folie douce du studio tchèque Amanita design. Génial !

Jeux 8+

Hoa

SKROLLCAT STUDIO (SINGAPOUR)

★★★★

• Présentation

Hoa est un jeu de plateformes à l'esthétique très proche des films d'animation des studios Ghibli. Une petite lutine, des créatures étranges, une promenade parmi les vents et les plaines : nous voilà embarqués dans une ambiance reposante et merveilleuse. Les graphismes du jeu – les tableaux ont été peints à la main – et la bande-son – issue de l'enregistrement d'un orchestre – créent un univers particulier et très adapté à une découverte familiale.

• Notre avis

La balade de *Hoa* vaut le coup d'œil, car c'est bien le voyage qui constitue l'intérêt principal de cette expérience – plus que sa narration. Évoluer dans des décors fabuleux, vous faire bercer par une musique envoûtante : voici ce qui vous attend, vos enfants et vous ! Vous allez aider la petite fée à sauter de pierres en feuilles, à recueillir des papillons lumineux et à explorer des galeries ou des ponts herbeux. Sans complexité majeure, *Hoa* offre une flânerie de quelques heures dans un univers magique !

Jeux 8+

Tengami

NYAMYAM (ROYAUME-UNI)

• Présentation

Tengami est une ode au pliage et au papier ainsi qu'un hommage au Japon des contes et légendes. Dans ce jeu aux graphismes particuliers, nous incarnons un jeune samouraï qui part en quête de fleurs de cerisier. Dès le premier tableau, nous voyons la scène se déployer comme le ferait un livre pop-up. Des couches superposées, semblant faites de papier, composent le paysage. Et c'est justement avec cette matière que nous allons jouer : toutes les actions et avancées se feront en pliant et en faisant glisser des éléments.

• Notre avis

Tenté·e par une promenade dans les temples shintoïstes ? Ce jeu, unique, intéressant autant pour ses graphismes bicolores que pour son *gameplay*, bénéficie en plus d'une bande-son originale, composée par David Wise. Le scénario se déroule dans une certaine lenteur, assumée par ses créateurs. Non conçu pour les enfants, il les intriguera tout comme vous, d'autant que les énigmes y restent abordables.

Jeux 8+

Hidden Folks

ADRIAAN DE JONGH (PAYS-BAS)

★★★★

• Présentation

Ce jeu d'observation, fascinant et drôle, est particulier et plein d'humour. Ce « cherche et trouve », classique dans son principe – et non conçu pour les enfants –, se démarque fortement. Ses grands tableaux en noir et blanc, remplis de personnages et d'éléments animés, fourmillent d'inventivité graphique et narrative. Pour vous en donner un exemple, suit le texte de présentation d'un personnage à trouver : « Alors que Pika pensait échapper aux fous, il se rend compte qu'il a planté sa tente à côté du seul point wifi du camping. »

• Notre avis

Ça grouille de partout, dans les airs et sur la terre, ça s'agite avec liesse dans la forêt, les terres arides, la ville, la neige, l'usine ou encore la plage ! Si vous aimez les jeux de patience, vous allez adorer. *Hidden Folks* constitue un superbe travail d'artisan, au sens noble du terme : le second degré assumé, les bruitages et les graphismes valent qu'on s'y attarde.

Jeux 8+

Monument Valley

USTWO (ROYAUME-UNI)

• Présentation

La musique sonne à vos oreilles, apaisée, enveloppante. Ida la princesse silencieuse se tient là, si petite face à des structures géométriques impossibles que M. C. Escher aurait pu imaginer. Frêle et rapide, elle va évoluer dans un monde fait d'escaliers pastel, de tours et de coupoles colorées, de ponts incertains et de labyrinthes entrelacés. Une petite Alice tombée dans un monde parallèle. Si la route existe, Ida vous suivra. Vous allez devoir retourner des chemins, inverser des voies et manipuler manivelles et niveaux pour, à chaque tableau, accompagner la princesse jusqu'à la prochaine porte.

• Notre avis

Ce jeu atypique à la difficulté progressive constitue un véritable chef-d'œuvre ! S'il n'a pas été conçu pour les enfants, il se partage très bien en famille. Que vous jouiez à *Monument Valley 1* ou *2*, votre première expérience du *gameplay* devrait vous marquer. Méfiez-vous des imitations, il en existe de nombreuses !

Jeux 8+

Behind the Frame

SILVER LINING STUDIO (TAÏWAN)

• Présentation

Une jeune peintre réfléchit, savoure l'instant et observe par sa fenêtre son voisin, un vieil homme également artiste. Une musique légère émane de la dernière cassette qu'elle a glissée dans le lecteur. Au gré du jeu, vous allez l'aider à retrouver ses tubes de couleur et à terminer ses tableaux. Les énigmes, simples, se résolvent rapidement.

L'expérience prend tout son intérêt avec l'ambiance particulière qui émane de ce jeu : nostalgique et apaisante ; énigmatique également, car les œuvres accrochées sur les murs de l'appartement semblent familières à la jeune femme sans qu'elle ne comprenne pourquoi. Qui est-elle vraiment et quelle est son histoire ?

• Notre avis

Un jeu *point and click* dans une ambiance à la Hayao Miyazaki, le cofondateur du studio Ghibli. Dans cette expérience, les instants insignifiants se muent en temps suspendu et nous ouvrent un autre monde. L'ensemble, d'une durée d'une à deux heures au plus, se déroule avec plaisir.

Jeux 8+

Windosill

VECTORPARK (ÉTATS-UNIS)

• Présentation

Bienvenue dans l'univers graphique de Patrick Smith ! Des tableaux bleus et verts, une petite touche d'absurde et un calme voluptueux. Dans ce jeu, proche d'un *escape game*, vous serez accompagné·e à chaque étape par une petite locomotive en bois. Comment donc avancer et passer à la scène suivante ? C'est en explorant l'image que vous déclencherez de nouveaux mouvements et actions à mener jusqu'à dénicher le trésor : un cube blanc permettant d'ouvrir la porte et de continuer l'exploration. Si le début du jeu s'avère simple, la suite se complique progressivement.

• Notre avis

Tout se passe dans une ambiance onirique et douce, comme dans un cocon de petite enfance. Cette atmosphère reposante pourra pourtant paraître un peu étrange à certains, d'autant que des bras ou jambes sortent des placards ou des bâtiments. N'hésitez pas à mener cette quête à plusieurs : il n'y a aucune consigne et c'est en tâtonnant que vous résoudrez les énigmes !

Jeux 8+

Mucho Party

GLOBZ (FRANCE)

• Présentation

Des oiseaux à la *Super Mario*, des brochettes de fruits façon *Tetris*, un *Candy Match* au lieu d'un *Candy Crush*, un casse-briques, une chasse aux réveils ou aux bretzels, des petits circuits de voitures, un « pierre-feuille-ciseaux » numérique : *Mucho Party* est un coffret de mini-jeux digitaux assez irrésistibles. Ils se jouent à deux sur des temps très courts, dans une ambiance colorée et purement vintage. La tablette se transforme en plateau de jeux et permet de monter un championnat avec jusqu'à huit participants.

• Notre avis

Bon enfant et partageuse, cette appli promet de belles minutes ou heures de jeux familiales. Un test de départ définit le niveau de chacun, ce qui permet à des enfants d'affronter des ados ou des adultes avec une adaptation de la difficulté. Pour les plus jeunes, en revanche, la rapidité des jeux est trop stressante, réservez donc cette appli à des enfants d'au moins sept ans. La version gratuite ne comprend que quelques jeux afin de pouvoir tester le principe.

Labyrinth City

PIXMAIN, DARJEELING (CHINE, FRANCE)

★★★★

• Présentation

Adapté du livre éponyme de Chihiro Maruyama et Hiro Kamigaki, *Labyrinth City* nous embarque dans un grand jeu d'aventure et d'observation. Le personnage principal du jeu, Pierre, un jeune détective, s'avère être un spécialiste des labyrinthes. Chaque tableau  regorge d'images, de détails et d'éléments animés. Vous allez guider les pas de Pierre, explorer le paysage, éviter des pièges, rejoindre des personnages variés, résoudre des défis, ramasser des objets et bien sûr trouver Mr. X, son ennemi de toujours !

• Notre avis

Voilà une très belle adaptation d'un album déjà remarqué pour son style graphique et ses détails, un univers à la *Où est Charlie ?*, composé de grandes images riches et colorées. Dans le jeu numérique, on explore les illustrations différemment : par petits morceaux, nécessairement. Vous pouvez proposer cette ressource à vos enfants à partir de sept ou huit ans, mais à des bien plus grands également. En format numérique, sur papier ou bien les deux !

Jeux 8+

Agent A

YAK & CO (AUSTRALIE)

• Présentation

Cet *escape game* numérique vous transforme en agent secret dans le pur style d'un polar des années 1960. Votre mission est d'envergure : dénicher le repaire de Ruby La Rouge, l'infiltrer, déjouer toutes les énigmes qu'elle y a cachées et la démasquer. Retrouverez-vous le code du coffre-fort subtilement dissimulé derrière le tableau de l'entrée ? Ou l'utilité de ce cube coincé dans le foyer de la cheminée ?

• Notre avis

Ce jeu va passionner les amateurs d'aventures longues. Certaines énigmes s'avèrent assez corsées, d'autres sont plus abordables : c'est un jeu idéal à découvrir à plusieurs, entre parents et enfants. Ruby La Rouge paraît certes diabolique, mais pas terrifiante, et sa maison meublée de sofas moutarde, de chaises élancées et de lustres à branches bénéficie d'une délicieuse élégance surannée. Par ailleurs, les commentaires qui ponctuent l'exploration du joueur regorgent de drôlerie et de second degré.

Jeux 8+

Samorost 3

AMANITA DESIGN (TCHÉQUIE)

• Présentation

Amanita Design est un studio reconnu pour ses jeux extrêmement travaillés, aussi bien au niveau des graphismes, de l'animation que de la musique. Parmi un catalogue de haute qualité, *Samorost 3* représente à notre sens leur proposition la plus aboutie. Sur une planète luxuriante, un lutin trouve une étonnante corne, à la fois sonotone et flûte cristalline. Son aventure démarre au rythme de notre promenade dans des tableaux truffés de détails, d'onirisme et d'énigmes. Après avoir réussi à fabriquer un engin spatial improbable, nous allons mener notre petit héros vers sa destinée et l'envoyer sur neuf astres, volcaniques, terreux ou herbeux.

• Notre avis

Un titre incontournable à l'esthétique épatante et à l'ambiance particulièrement douce et joyeuse. Cette quête initiatique du petit lutin blanc vous restera longtemps en tête. Il serait dommage de ne pas en faire profiter les enfants !

Jeux 8+

Botanicula

AMANITA DESIGN (TCHÉQUIE)

• Présentation

Réalisé par un studio réputé pour ses grandes aventures aux graphismes époustouflants, *Botanicula* n'échappe pas à la règle ! Nous allons ici aider une équipe étonnante composée de deux champignons, d'une brindille, d'une plume et d'un bulbe. Ces cinq justiciers, animés et expressifs, vont devoir combattre une araignée élégante qui se nourrit de la sève nourricière du monde de *Botanicula*. De tableaux en énigmes, nous parcourons des paysages merveilleux et minuscules, parfois doux, parfois inquiétants, peuplés de multiples créatures, champignons colorés, lutins farceurs, lézards-clochettes ou boules de pollen.

• Notre avis

Ce jeu s'explore à petits pas, s'écoute avec bonheur et se rejoue : jusqu'à la dernière seconde, des surprises sont cachées. Il n'y a aucune consigne et on tâtonne parfois, mais l'univers est tellement inattendu que l'on retente patiemment. N'hésitez pas à tester également *Machinarium*, un autre jeu du même studio.

Jeux 8+

Alto's Odyssey

SNOWMAN (CANADA)

• Présentation

Classique dans son *gameplay*, ce jeu renouvelle pourtant le genre du *runner* grâce à ses visuels et à son ambiance apaisante. Vous incarnez Alto, un snowboardeur. Au soleil couchant, sous un vent montant, il s'élance sur sa planche, il suit les collines, franchit les gouffres et canyons, saute par-dessus les rochers et évite les obstacles. Alto  fonce, en douceur, malgré la nuit ou l'orage, le soleil voilé ou la lune pâle. Il joue des éléments et son écharpe grandit au fur et à mesure de ses prouesses acrobatiques, jusqu'à ce qu'il devienne oiseau parmi les oiseaux.

• Notre avis

Ce beau jeu de dextérité plaira aux enfants et aux adultes. Les plus jeunes pourront l'essayer grâce au mode zen qui permet de jouer sans limite, même si le personnage tombe ou n'arrive pas à franchir un obstacle. Le mode classique conviendra aux plus grands en quête de défis : les losanges récoltés leur permettront de doter le personnage de nouveaux accessoires.

Jeux 8+

Prune

JOEL MCDONALD (ÉTATS-UNIS)

• Présentation

Un cercle jaune apparaît à l'écran, un soleil pâle s'élève au-dessus d'une colline noire. Le vent se met à souffler tandis qu'une musique redondante s'élève. Dans la terre, une graine hiberne : elle espère un geste de votre part afin de lancer sa pousse et de l'aider à fleurir. Car dans le monde de *Prune*, la lumière se fait rare. Votre mission consistera à tailler la frêle branche pour qu'elle grandisse et atteigne les rayons au rythme de vos coupes. Peu à peu, les zones d'ombre se multiplient et des obstacles, ronds brûlants ou roues tranchantes, rendent l'exercice plus ardu.

• Notre avis

Les teintes rouge, grise, blanche et noire de ce jeu et son ambiance calme le rendent particulièrement intéressant. Les fragiles fleurs tentent de survivre parmi les murs hauts, les tuyaux et les cheminées d'usine, et ce n'est pas toujours chose facile. Une allégorie de l'impact de l'industrialisation sur l'environnement.

Jeux 8+

Eloh

BROKEN RULES (AUTRICHE)

• Présentation

Ça cogne, ça résonne, ça fait *bang*, *bing*, *toc*, *crrr*, *clic*. *Eloh* s'ouvre. Ce jeu aux graphismes ethniques va mettre en éveil votre sens logique. Des balles colorées jaillissent à l'écran et tapent des têtes sonores, des statues transformées en tambours harmonieux. L'objectif semble simple : mener les balles jusqu'à des cibles de même couleur, en les faisant rebondir sur des pierres ou des têtes placées en travers du chemin. Le concert de percussions commence. Et quels que soient vos choix, il sera toujours agréable à écouter. Mais le son ne suffit pas : il faut bien sûr atteindre les cibles pour gagner ! C'est là que cela se corse !

• Notre avis

La difficulté augmente au fil des tableaux, 84 en tout. Ce beau jeu, à la mécanique classique mais à l'environnement graphique et sonore original, n'a pas été conçu pour les enfants. Il serait pourtant dommage de ne pas le partager en famille !

Jeux 8+

Gorogoa

ANNAPURNA INTERACTIVE (ÉTATS-UNIS)

• Présentation

Dans *Gorogoa*, les illustrations cachent toujours un secret : ce jeu, créé par Jason Roberts, tient à la fois de la BD interactive et de la narration en pop-up. À l'ouverture, une créature étrange, un dragon coloré, traverse la fenêtre d'une première case. Quelques instants et clics plus tard, une grille composée de quatre cases apparaît. Tout le jeu est basé sur ce carré, ces quatre espaces dans lesquels placer des vignettes illustrées et animées. C'est en jouant avec les images, en les inspectant, en les associant pour créer une grande illustration ou en les superposant que l'histoire pourra se poursuivre. En effet, chaque mouvement apporte de nouvelles informations ou modifie la scène.

• Notre avis

L'originalité de *Gorogoa* vous impressionnera ! La narration se déroule sans dialogue, mais on comprend vite la mission : récolter cinq balles colorées. Ce jeu peut convenir à tous : n'hésitez pas à l'explorer en famille, même avec de jeunes enfants.

Jeux 10+

Sélection de jeux coopératifs

(ROYAUME-UNI / SUÈDE)

• Overcooked

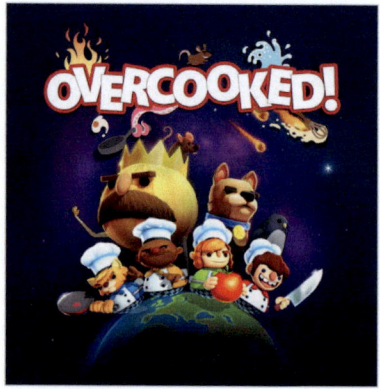

La brigade de cuisine est constituée ? Le coup de feu arrive ! Pour sortir à temps les plats, il va falloir faire preuve d'une parfaite coordination. Qui coupe les courgettes ? Qui fait cuire le riz ? Qui s'occupe de la vaisselle ? Il faut dialoguer avec son ou ses partenaires (jusqu'à quatre joueurs) pour composer au plus vite salades, sushis, burgers ou encore tortillas. Attention à ne pas virer à la *Cauchemar en cuisine* ! Ce jeu du studio anglais Ghost Town Games se partage entre frères et sœurs ou entre parents et enfants. À partir de huit à dix ans.

• It Takes Two

Créé par le studio suédois Hazelight, ce jeu coopératif par excellence vous fait incarner soit Cody, soit May, un couple en train de divorcer. Leur fille, pour les empêcher de se séparer, les transforme en poupées. Seule solution pour sortir de ce piège : s'entraider ! Une aventure trépidante démarre alors. Les situations, parfois cocasses, souvent inattendues, rendront votre périple unique. À partir de douze ans.

Jeux 10+

Iris and the Giant

GOBLINZ STUDIO (FRANCE)

• Présentation

Ce jeu de cartes numériques, créé par Louis Rigaud, démarre avec l'histoire d'Iris, victime de harcèlement à l'école. Lors d'une sortie à la piscine, la jeune fille est submergée par sa peine causée par les moqueries de ses camarades. Elle plonge en elle-même et se retrouve face à ses démons intérieurs. Armée de cartes et de volonté, Iris va alors tenter de combattre ces monstres et de remporter des étoiles lui permettant d'affirmer sa personnalité. À chaque tableau, vous allez ainsi placer les bonnes cartes sur le plateau pour aider l'héroïne à réussir sa quête.

• Notre avis

Une belle expérience de jeu de cartes stratégiques. *Iris and the Giant* combine des graphismes et une bande-son de qualité tout en traitant de sujets délicats à aborder : le harcèlement scolaire et la dépression chez l'enfant. Son *gameplay* s'avère très travaillé et participe à l'immersion dans la quête introspective d'Iris.

Jeux 10+

Mini Motorways

DINOSAUR POLO CLUB (NOUVELLE-ZÉLANDE)

★★★★★

• Présentation

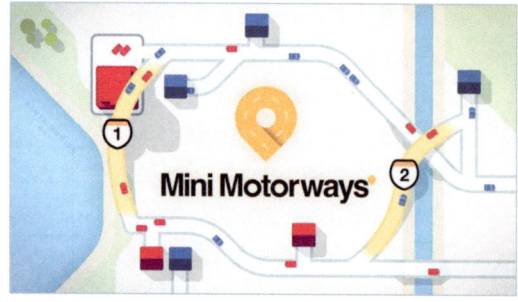

En route pour Pékin, Munich, Rio, Varsovie ou encore Los Angeles ! Vous allez participer à l'expansion de villes du monde entier en créant leur réseau de routes et d'autoroutes. L'objectif étant de relier des lieux entre eux, avec un réseau suffisamment intelligent pour supporter le trafic. Du bout du doigt ou de la souris, on trace des voies, on place des ponts et tunnels et on ajoute des feux et ronds-points. Mais au fil du temps, la ville grandit, le trafic se densifie, les voitures sont toujours plus nombreuses à circuler : lorsque vous ne serez plus en mesure de répondre à cette urgence, le jeu s'arrêtera, bloqué par son propre engorgement !

• Notre avis

Un jeu à la fois prenant et frustrant, car on ne gagne jamais pleinement : on améliore son score en cumulant un plus grand nombre de déplacements de voitures. Pourtant voici un redoutable *gameplay* rejouable à l'infini et presque fascinant de par son évolution permanente et grisante. À partager en famille.

Gris

NOMADA STUDIO (ESPAGNE)

   ★★★★

• Présentation

Ce jeu met en scène la quête merveilleuse de liberté de Gris, une femme éplorée. Tandis que des notes de musique s'égrènent lentement, elle part, tête baissée et cape au vent, autant silhouette fragile que guerrière solide. Gris nous entraîne d'un pas vif à travers des tableaux monochromes et gagne au fil du temps de nouveaux pouvoirs pour évoluer dans un monde étrange tissé devant vous.

• Notre avis

Cette expérience d'une époustouflante beauté se partage avec vos enfants à partir de neuf ou dix ans. Pour la version applicative, une petite prise en main est nécessaire : sur la gauche, un curseur (invisible) actionne les déplacements, tandis que tapoter sur la droite permet de sauter. Les énigmes s'enchaînent et demandent parfois de la dextérité, mais restent tout de même accessibles. Au-delà des puzzles, vous aurez juste envie d'avancer, de voir votre personnage fendre les airs et les eaux et de savourer ces paysages étranges et nébuleux.

Jeux 10+

Old Man's Journey

BROKEN RULES (AUTRICHE)

• Présentation

Pourquoi, à la lecture d'une lettre, le vieux marin quitte-t-il son phare et entame-t-il un grand voyage ? Vous le saurez à la fin du périple que vous allez vivre ensemble, en aidant ce vieil homme à trouver son chemin parmi les paysages et les horizons. Car ceux-ci se manipulent à la manière de décors de théâtre : vous allez les bouger du bout du doigt ou de la souris, afin de créer un chemin. Et puis, régulièrement, le vieux monsieur s'arrêtera ; cdes pauses feront resurgir ses souvenirs sous forme de scénettes animées, et vous en saurez plus sur sa jeunesse et ses amours.

• Notre avis

Voici une magnifique balade nostalgique composée de scènes aux teintes pastel comme esquissées au pinceau. Le principe original du jeu s'avère cependant un peu répétitif. Mais malgré cette redondance et une certaine lenteur, l'histoire du marin saura vous intriguer à tel point que vous serez prêt·e à l'accompagner au bout de la vie.

Townscaper

OSKAR STÅLBERG (SUÈDE)

• Présentation

Sur un océan vierge, vous allez construire un village de pêcheurs, une cité de bord de mer, de grandes places égayées de maisons multicolores ou encore d'immenses bâtiments aux étages étonnants. Les architectures en pierre de *Townscaper* se créent en quelques instants. Un clic, et voici un quai qui apparaît avec ses rambardes. Un second clic : sortent une maisonnette colorée et un arbre bien vert devant sa porte. Un troisième clic : vous voici pris·e au jeu !

• Notre avis

Townscaper pourrait être décrit comme un outil de construction de villes, mais ce serait une bien pâle description d'un jeu remarquable pour sa fluidité et son expérience apaisée. Il n'y a aucun but ni objectif, si ce n'est le simple plaisir de créer des architectures puis de voir des mouettes rieuses s'en envoler. Vous pouvez le proposer aux plus jeunes en les incitant à prendre leur temps, pour une initiation à la contemplation. Bon à savoir : une version en réalité virtuelle du jeu est annoncée (à partir de treize ans).

Jeux 10+

All of You

ALIKE STUDIO (ESPAGNE)

• Présentation

All of You propose des puzzles tout aussi inventifs les uns que les autres. Tout part du désespoir d'une poule séparée de ses très nombreux poussins. Chaque tableau présente une scène sous forme d'une série de vignettes : notre héroïne, dans la case de gauche, veut rejoindre son petit de l'autre côté de la frise. On tapote sur l'illustration et elle avance. On tapote encore et elle s'arrête. Bien sûr, les parcours vont être semés de multiples embûches. Pour aider la poule à réussir sa mission, vous pourrez arrêter ou activer les images, inverser ou retourner certaines vignettes et animer des éléments dans les cases.

• Notre avis

Chaque tableau traversé par une espièglerie légère et régénérante vous fera rire et vous embarquera dans des décors différents : dans la jungle, chez un géant, sur une corniche en ruine, parmi des toboggans ou des malles de magicien. Un vrai bonheur à jouer, mais disponible uniquement via l'abonnement Apple Arcade.

Dad's Monster House

COTTON GAME (CHINE)

• Présentation

Prêt·e pour une grande enquête dans un univers dessiné ? Carlos, le héros frêle et inquiet du jeu, reçoit un appel en pleine nuit. Son père, dont il n'a plus de nouvelles depuis un an, est manifestement en danger. Carlos rejoint au plus vite la maison familiale pour lui venir en aide. Mais à l'intérieur, de drôles de choses l'attendent : des créatures bizarres, et surtout de nombreux casse-tête et énigmes. Il va falloir vous armer de patience et de logique pour percer tous les secrets de ce manoir hanté.

• Notre avis

Vous appréciez les ambiances frissonnantes et un peu bizarres ? Bienvenue dans la maison des monstres ! Vous allez adorer vous y perdre, en découvrir progressivement les pièces secrètes, y chercher les tableaux des savants et les éléments cachés. Le style du dessin et l'allure de personnage de BD de Carlos adoucissent cet univers potentiellement effrayant. Seul défaut : la traduction en français comporte quelques fautes.

Jeux 10+

The Room: Old Sins

FIREPROOF GAMES (ROYAUME-UNI)

• Présentation

Casse-tête en cascade, clés et mécanismes, recherches et associations : les jeux *The Room* excellent dans l'art de la chasse au trésor numérique. Ce titre vous embarque dans une histoire étrange et sombre. Ça démarre dans un grenier lugubre où se trouve une maison de poupée particulièrement intrigante. Progressivement, le manoir et ses multiples pièces vont révéler leurs secrets. Plus vous avancez dans le jeu et l'histoire, plus la maison s'assombrit, d'une certaine manière : à chaque fin de tableau, des sortes de tentacules envahissent et détruisent les pièces.

• Notre avis

Cette expérience de jeu, non conçue pour les enfants, comporte des scènes impressionnantes, en particulier celles du mannequin et des tableaux animés, qui montrent une lutte violente entre les personnages. L'éditeur propose 4 jeux *The Room*. Celui-ci est à notre sens le plus réussi d'un point de vue narratif, mais tous sont de qualité. Pour des plus jeunes, optez pour le premier *The Room*.

Jeux 10+

Lumino City

STATE OF PLAY GAMES (ROYAUME-UNI)

• Présentation

Nous voici dans la grande famille des aventures aux graphismes atypiques. Ici, la jeune Lumi va partir à la recherche de son grand-père kidnappé en début de jeu. Armée de son courage et du livre de chevet de son aïeul, l'héroïne, avec votre aide, va visiter la maison-photo, entrer dans le café-roulotte, aider le bateau suspendu à naviguer dans les airs ou encore découvrir l'aquaponie en bulles.

• Notre avis

L'univers est fabuleux ! Les décors de chaque tableau ont été fabriqués en papier et carton, puis filmés. Le rendu final est étonnant, et les scènes remplies d'ingéniosité. Et si les graphismes sont réellement superbes, les énigmes valent également le détour. Le jeu comprend de nombreux dialogues, tous traduits en français. Quelques fautes de français sont à signaler, mais rien de bien grave. Le livre du grand-père, en revanche – une aide très précieuse –, est en anglais, mais vous irez surtout le consulter pour ses schémas détaillés.

Jeux 10+

Framed

LOVESHACK (AUSTRALIE)

• Présentation

Sorte de bande dessinée interactive mêlant *gameplay* efficace et graphismes léchés, *Framed* a un scénario simplissime : le joueur doit aider un mystérieux personnage à s'échapper avec une mallette. Poursuivi par un nombre incroyable de policiers, notre voleur intrépide se retrouve bloqué à chaque tableau. Au joueur de trouver une issue en modifiant l'ordre des cases sur l'écran de ce *puzzle game* très bien pensé. Au fur et à mesure de l'avancée, certaines cases doivent rester fixes, d'autres peuvent tourner pour créer un nouveau chemin, d'autres encore ne peuvent être bougées que pendant un temps limité, alors même que le personnage court de l'une à l'autre !

• Notre avis

Musique jazzy, silhouette noire et furtive portant chapeau et long imperméable : nous sommes dans un polar. Ce jeu bien ficelé plaira aux amateurs, ados ou adultes, de casse-tête. Il n'est pas adapté aux plus jeunes, de par sa narration et la complexité des scènes.

Lire entre les lignes

ROMAIN LEBOUC (FRANCE)

• Présentation

Regardez les mots ci-après et demandez-vous à quelles expressions ou tournures de phrases ils font référence : vivRe ; ISTOIR ; G a. Si vous appréciez de vivre au grand air, de lire une histoire sans queue ni tête et d'avoir grand appétit (*G* grand, *a* petit), ce jeu devrait vous interpeller. Cette application propose des milliers d'énigmes lettriques et optiques. Certaines expressions vous sauteront aux yeux, mais d'autres s'avéreront plus complexes à déceler. L'appli comporte trente niveaux ainsi que des bonus, des casse-tête, des contrepèteries – grivoises comme souvent – et des « Monsieur et madame ».

• Notre avis

Cette appli, conçue pour les adultes, n'est pas sécurisée pour les enfants et son téléchargement gratuit impose des bandeaux publicitaires. Pour les éviter, et soutenir le créateur, vous pouvez acheter l'option « Sans pub » en *in-app*. Le principe du jeu va en tout cas intriguer tout le monde : de beaux remue-méninges familiaux en perspective !

Arts et musique

La Petite Danseuse

FRANCE TV STORY LAB / MUSÉE D'ORSAY (FRANCE)

• Présentation

La Petite Danseuse au musée d'Orsay propose une exploration en réalité augmentée d'une quinzaine de tableaux. Cette aventure est menée par la sculpture de la jeune danseuse d'Edgar Degas devenue vivante. Ombre gracieuse parmi les peintures qui apparaissent devant nous, la jeune fille rêve de libérer de son carcan de pierre *Le Prince impérial et le chien Néro*, une œuvre de Jean-Baptiste Carpeaux. Elle se promène, avec notre aide, dans les allées du musée, à la recherche des ingrédients d'une étrange potion magique.

• Notre avis

Cette appli très originale modernise la visite muséale. La petite danseuse, dotée d'une voix guillerette et affirmée, commente chacune de ses actions avec un vocabulaire actuel et franc et discute avec les personnages de peinture. Menez cette visite atypique avec vos enfants et n'hésitez pas à commenter ensemble les œuvres. Ce jeu donne envie de découvrir ou redécouvrir les tableaux présentés !

Persepolis Reimagined

GETTY CENTER (ÉTATS-UNIS)

• Présentation

Le musée américain Getty Center, à l'occasion de son exposition « La Perse : l'Iran antique et le monde classique », rend à la cité perse de Persépolis sa superbe grâce à une expérience en ligne. Vous allez visiter ses palais parés de couleurs et de détails comme il y a 2 500 ans. Une musique douce résonne à votre oreille : bienvenue à la porte de toutes les nations, là où démarre votre voyage parmi des statues monumentales colorées, des colonnes gigantesques et des cours immenses aux murets richement décorés.

• Notre avis

Cette visite virtuelle de Persépolis repensée vaut le détour, ne serait-ce que pour sa fluidité – particulièrement sur PC, où vous utiliserez la molette de votre souris pour vous déplacer. Sur tablette, vous allez slider de bas en haut, progressivement. Votre curiosité, et celle de vos enfants, sera forcément piquée par cette balade bien rythmée et équilibrée entre des explications documentaires et des photos comparatives avec le site actuel.

Arts et musique

Prisme 7

CENTRE POMPIDOU (FRANCE)

• Présentation

Laisser une trace : tel n'est-il pas le souhait de nombre d'artistes ? Dans *Prisme 7*, le jeu du Centre Pompidou, vous incarnerez cette trace. Votre avatar, une traînée de poussières lumineuses complétées d'orbes rouges, part explorer les salles du musée. Le jeu compte sept niveaux, dans lesquels vous serez invité·e à attribuer des couleurs, créer des symétries visuelles, orienter les passages de visiteurs, révéler la lumière, activer des espaces colorés, utiliser votre empreinte lumineuse et jouer avec les ombres.

• Notre avis

Voici un jeu élégant, où vous évoluerez dans un environnement visuel et sonore raffiné – sans être élitiste. Vous allez avoir envie de réussir, d'explorer et de poursuivre votre parcours. La présentation des œuvres d'art moderne et contemporain présentes dans le jeu ainsi que des fiches pédagogiques de médiation (en ligne) sont ensuite consultables depuis la galerie du jeu.

KIDS, un jeu des foules

PLAYABLES (SUISSE)

• Présentation

KIDS, un jeu des foules, contrairement à ce que laisse croire son titre, n'est pas une appli jeunesse : mi court métrage, mi expérience à animer, cette étrange application nous mène par le bout du nez. Nos mouvements de doigts sur l'écran provoquent les déplacements d'une foule de petits personnages blancs, dessinés par Michael Frei, qui semblent chercher la bonne voie. Parfois, il faut les entraîner dans un gouffre central ; parfois, il faut les emmener du doigt pour le contourner.

• Notre avis

Ce court métrage à animer, porteur de questionnements, a un véritable pouvoir de fascination : les petits pas courent sur la tablette, l'envahissent, portés par une musique presque céleste. C'est une expérience bizarrement agréable. Il est intéressant de voir comment les enfants s'en emparent et comment ils interprètent les mouvements et les effets de foule. Cette appli est un excellent support de réflexion commune, mais à réserver aux dix ans et plus.

Arts et musique

Mon œil

CENTRE POMPIDOU (FRANCE)

• Présentation

Un Centre Pompidou multicolore s'affiche à l'écran. Deux billes, l'une noire, l'autre blanche, se poursuivent dans les couloirs, se rejoignent et se mêlent, devenues globe et pupille associés. L'œil roule à l'écran, vif et inventif. Il sera le fil rouge graphique de *Mon œil*, une websérie dédiée à l'art moderne et contemporain. Chaque semaine, films et mini-documentaires présentent des démarches d'artistes ou de designers. Les enfants peuvent ainsi, sur le site Internet du Centre Pompidou, visionner des vidéos d'artistes, des présentations d'œuvres, des initiations au design et des documentaires. Les épisodes durent dix à quinze minutes, sauf pendant les vacances, où ils s'allongent à trente minutes.

• Notre avis

Cette série ouvre des petites fenêtres vers des styles et propositions variés : indispensable pour éduquer le regard créatif de vos enfants ! Pour les plus jeunes, sachez qu'il existe *Mon petit œil* avec des vidéos de trois minutes environ.

Arts et musique

Google Arts & Culture

GOOGLE (ÉTATS-UNIS)

• Présentation

Le site et l'application *Google Arts & Culture* rassemblent des œuvres d'art en haute définition, des expositions thématiques, des visites en réalité virtuelle ainsi que des expériences ludiques et interactives autour de la peinture : celles-ci sont multiples, et certaines sont bien sûr adaptées aux enfants. Essayez par exemple « Puzzle Party » : *vos* enfants vont recomposer des puzzles d'œuvres. Si vous utilisez l'appli via votre smartphone ou tablette, nous vous conseillons l'« Art Projector », qui vous permettra de projeter une exposition de Miro dans votre salon, mais aussi l'« Art Selfie », où vous découvrirez à quel tableau vous ressemblez le plus, ou encore l'« Art filter », pour incarner Vincent Van Gogh ou la Joconde !

• Notre avis

La force de Google est ici de réussir à rassembler des collections du monde entier en très bonne définition sur un site complètement gratuit et sans publicité, et de proposer une approche ludique et interactive de l'art.

Arts et musique

Sago Mini Sound Box

SAGO MINI (CANADA)

• Présentation

Voici une appli à découvrir avec votre tout-petit. Au cours de neuf tableaux, l'enfant, en touchant l'écran, va provoquer la naissance de ronds colorés, des petits, des plus gros, des rayés ou des arlequin. En même temps, le toucher provoque un son : une note de piano, un aboiement de chien, une sonnerie de téléphone ou un souffle de flûte. On peut choisir de remplir l'écran de ces ronds bruissants ou d'y aller petit à petit. Et en appuyant plus longuement, un animal apparaît, chien, poisson, chat ou oiseau.

• Notre avis

Musicale et colorée, *Sago Mini Sound Box* constitue un petit moment de partage avec un adulte, un grand frère ou une grande sœur. L'application est simple dans son principe : juste de l'interaction son-image. Et c'est tout ce qu'on demande pour des ressources numériques premier âge ! N'hésitez pas à compléter l'expérience avec des feuilles, des pastels ou des gommettes colorées !

Arts et musique

Sélection de comptines

(FRANCE)

• Les plus belles comptines d'Okoo

Vous cherchez des comptines ? Choisissez bien vos chaînes YouTube (cf. page 28) ! Un jeune enfant a un temps d'attention de moins de dix minutes, or de multiples chaînes proposent des programmes soi-disant « petite enfance » qui captent juste l'attention des bébés. France Télévisions produit une collection de comptines animées, avec quarante  chansons d'une durée de trois à quatre minutes, interprétées par des artistes sur des arrangements d'Yvan Cassar. Chacune bénéficie de son univers graphique. À visionner soit sur le site www.france.tv, soit au sein de l'application *Okoo* (avec de nombreux autres programmes de qualité pour les petits).

• Didier Jeunesse

Vous pouvez aussi savourer la chaîne YouTube « Didier Jeunesse – Des comptines et des chansons », avec de très belles comptines du monde entier, illustrées chacune dans un style différent. Un régal pour les petits yeux et les petites oreilles de votre bébé, qui apprécient la douceur, la lenteur et la beauté.

Arts et musique

Promenons-nous dans les bois

À LA MODE DE CHEZ NOUS (FRANCE)

• Présentation

L'éditeur A la mode de chez nous revisite les comptines traditionnelles en variant les styles musicaux : ici, la chanson *Promenons-nous dans les bois* en version jazz manouche. L'application présente la chansonnette sous forme de vidéo animée et la complète d'une série d'activités : une découverte des instruments, un imagier, un karaoké pour que les parents chantent avec leurs enfants, et même un jeu de numération. Si vous faites l'acquisition en complément du livre cartonné, vous pourrez déclencher en réalité augmentée la vidéo du clip depuis les pages papier.

• Notre avis

La mélodie, joyeuse et tressautante, va vous rester en tête ! La chanson, fidèle au texte et à la mélodie d'origine, est portée par un son bien agréable à écouter et des illustrations simples et gaies que les jeunes enfants vont adorer. Vous pouvez également redécouvrir *Une souris verte* en version hard rock dans une seconde application du même éditeur.

Arts et musique

Loopimal

YATATOY (FINLANDE)

• Présentation

Neuf animaux attendent leurs chorégraphes. Grâce aux choix des joueurs, ils vont se mettre à tournoyer, se dandiner ou taper des pattes, en solo ou en troupe. Et la musique, progressivement, va jaillir. En bas d'écran se trouvent en effet une frise musicale dotée de cinq formes géométriques, et juste au-dessus, une ligne de son. D'un geste, on fait glisser les figures  de son choix sur la ligne supérieure : chaque animal se met alors à danser en fonction des éléments placés sur la frise musicale. La mélodie, bien sûr, change à chaque transformation.

• Notre avis

On ne se lasse pas de regarder le paresseux danser en lévitant sous de légers gongs sonores ou l'oiseau siffloter en faisant l'avion ! Une fratrie autour de la tablette s'inventera ses musiques et ses danses. Et une fois la chorégraphie créée, tout le monde se lèvera, on posera la tablette sur la table, et ce sera à qui fera l'ours, le cochon, le yéti ou l'oiseau !

Arts et musique

Blob Opera et Chrome Music Lab

GOOGLE (ÉTATS-UNIS)

• Blob Opera

Voici une expérience éphémère et géniale proposée dans *Google Arts & Culture.* Quatre personnages en pâte à modeler patientent sagement pour créer un concert d'opéra dont vous serez le ou la chef·fe d'orchestre. Vous pourrez à l'envi endormir l'un ou l'autre pour écouter les sons de ses collègues, qui égrènent avec délicatesse des *a*, *e*, *i*, *o*, *u*, déclenchés par vos mouvements vers la droite ou la gauche, montant ou baissant leurs notes. Une expérience réjouissante et harmonieuse à tester en famille.

• Chrome Music Lab

Chrome Music Lab constitue un véritable laboratoire d'expérimentations musicales qui offre aux plus jeunes comme aux adultes, aux débutants comme aux musiciens aguerris, quatorze outils interactifs créés par des programmeurs ou des artistes. Vous y trouverez notamment un piano partagé, des modules de rythmes ou d'harmonies, un créateur de mélodies et même une expérience autour de Vassily Kandinsky, associant dessin et musique.

Arts et musique

Les Zinstrus

FRANCE MUSIQUE (FRANCE)

• Présentation

Dans ces neuf podcasts de huit à neuf minutes, les instruments répondent à des questions posées par des enfants. *Les Zinstrus*, guillerets ou revendicateurs, expliquent ainsi leur vie, leur histoire, leur composition et mode de fonctionnement. Chaque épisode est incarné par un invité différent : Augustin Trapenard, Florence Foresti, Laure Calamy ou encore Panayotis Pascot. À chaque fois, on en apprend beaucoup sur l'instrument présenté et ses particularités.

• Notre avis

La force des *Zinstrus* réside dans le ton et le style de chaque épisode, rendant chaque instrument accessible et doté d'émotions. Derrière les pleurs de Dino la flûte ou les fanfaronnades de Carmen la guitare se cachent de petits documentaires intrigants. Ces podcasts s'avèrent bien savoureux à écouter, et il serait dommage que les adultes ne profitent pas de l'oreille attentive de leurs enfants pour en apprendre un peu plus sur les secrets de l'orchestre.

Arts et musique

Opera Play

SONIC SOLVEIG (FRANCE)

★★★★

• Présentation

Créée pour le Festival d'Aix-en-Provence 2018, cette application propose aux novices de découvrir l'opéra et à tous de tester leurs connaissances. Sur la page d'accueil, vous devrez choisir : soprano, mezzo, ténor, baryton ou basse ? Derrière chaque tessiture se trouve une explication de la voix choisie et des exemples, sous forme d'extraits sonores, interprétés par d'illustres chanteurs et chanteuses. L'appli comprend aussi deux jeux d'écoute : il va falloir identifier les registres dans des airs d'opéras, un seul au départ, plusieurs ensuite. Enfin, vous pourrez tenter de relever le défi du karaoké d'opéra sur deux airs de *Carmen*.

• Notre avis

Avec son bel habillage graphique, ce jeu propose une petite incursion dans le monde de l'opéra, et c'est suffisamment rare pour être souligné. Son objectif était de rendre l'expérience accessible à tous, et le pari est réussi ! À proposer à toute la famille !

Arts et musique

Incredibox

SO FAR SO GOOD (FRANCE)

• Présentation

Incredibox vous donne en quelques effleurements de tablette l'impression d'être très doué·e en beatbox. Attitude nonchalante, nez effilé, sourcils hauts et chevelure en épi, le personnage d'*Incredibox* est prêt. Il est cloné sept fois à l'écran : sept gringalets torse nu sont ainsi alignés. En bas d'écran, des accessoires de quatre couleurs permettent de vêtir votre équipe et de déclencher leurs *beats*. Vous allez ainsi composer des associations différentes pour enregistrer une belle création. Vous pourrez aussi déclencher de véritables petits clips animés, toujours harmonieux.

• Notre avis

Cette application très agréable plaira à tout le monde de six à cent six ans. Son ergonomie limpide renforce la fluidité de l'expérience sonore. Les huit ambiances musicales proposées regorgent de sons clairs et variés et d'harmonies qui ont le don d'étonner. De quoi concevoir des mix irrésistibles et danser en famille !

Arts et musique

A Musical Story

GLEE-CHEESE STUDIO (FRANCE)

 ★★★★

• Présentation

Cette aventure sonore, narrative et rythmique se déroule dans les années 1970. Elle nous invite à participer à un *road trip* musical et psychédélique parmi les souvenirs de Gabriel, un jeune musicien tombé dans le coma. À chaque étape, une mélodie débute et un cercle apparaît au milieu de l'écran, avec des gommettes nous indiquant à quel moment reproduire les notes de percussion, de basse, de clavier, de guitare ou de chant. Il va ainsi falloir appuyer de part et d'autre de l'écran ou de la manette, selon la plateforme, pour suivre le rythme et découvrir, progressivement, les souvenirs du groupe.

• Notre avis

Une belle expérience. Les décors nous plongent dans l'univers acidulé des *seventies*, avec ce petit grain de folie sonore qui nous donne envie de jouer et jouer encore. Même s'il faut parfois s'armer d'un peu de patience, le jeu pourrait bien séduire un large public. À réserver néanmoins aux quinze ans et plus pour les thèmes narratifs abordés.

Créativité

ChatterPix Kids

DUCK DUCK MOOSE, KHAN ACADEMY (ÉTATS-UNIS)

• Présentation

Cette application permet de donner vie à des objets. Le principe est simple : vous prenez en photo le sujet de votre choix – une peluche qui livrera ses secrets, un dessin qui s'animera, ou encore une tasse qui deviendra douée de parole. Vous y positionnez ensuite une bouche en dessinant à l'écran un trait horizontal. Puis vous enregistrez un message vocal que le sujet va prononcer. Dernière étape : vous pouvez personnaliser votre création avec des stickers ou dessins. Terminé ? Visionnez tous ensemble les vidéos de vos réalisations : fous rires garantis !

• Notre avis

Vous pourrez partager cette expérience avec vos jeunes enfants en les accompagnant dans la création, ou avec des plus grands en vous montrant vos résultats à tour de rôle. Cela peut donner lieu à un atelier graphique en amont – les personnages de papier s'exprimeront ensuite par le biais de cette appli –, ou encore à un dialogue entre deux jouets par exemple.

Créativité

100 manières

FRANCE TÉLÉVISIONS (FRANCE)

• Présentation

Des tutos ? Que nenni ! *100 manières*, une exclusivité d'*Okoo* – les programmes jeunesse de France TV – constitue une initiation à de multiples techniques artistiques. Sous forme de vidéos de 4 minutes, l'émission réussit à ne pas tomber dans le travers du tutoriel – qui a ses atouts mais incite à obtenir un résultat précis et unique. On voit certes une technique exécutée devant nos yeux, mais aucune explication orale ne l'accompagne, et surtout, les exemples de réalisations sont multiples. L'écran se découpe en deux, quatre ou dix cases, et montre des mains différentes colorier, plier ou dessiner.

• Notre avis

Dessin à la colle, labyrinthe, collages, gommettes ou ombres, *100 manières* incite à créer en expérimentant des matières différentes. C'est génial ! Ce programme, à retrouver sur www.france.tv ou dans l'appli *Okoo*, démontre avec intelligence aux plus jeunes que l'art rime avec liberté.

Créativité

Zen Studio

EDOKI ACADEMY (FRANCE)

• Présentation

Cette application permet de créer des tableaux à partir de gommettes triangulaires. Il suffit d'un effleurement pour que la couleur de son choix se répande sur les triangles isocèles rectangles qui composent le fond de l'écran. Cela donne lieu à de multiples créations : des fresques colorées, des formes, des personnages ou des animaux. L'appli propose deux modes : libre ou guidé – avec dans ce second cas une réalisation cadrée, étape par étape.

• Notre avis

Préférez le mode libre qui incite, tandis qu'une musique générative se lance, à la composition de tableaux très variés. Vous pouvez bien sûr compléter l'expérience, en particulier avec de jeunes enfants, avec des gommettes triangulaires de papier ou magnétiques : ils vont adorer ! *Zen Studio* est gratuite au téléchargement, avec quelques modèles et une palette réduite de couleurs ; un achat in-app permet d'accéder à la version complète.

Créativité

Quiver

QUIVERVISION (NOUVELLE-ZÉLANDE)

★★★★★

• Présentation

Quivervision, spécialiste du coloriage en réalité augmentée, propose des packs de coloriages gratuits ou payants sous forme d'achats ou d'abonnement. Une fois coloriés, les dessins se regardent au travers de l'application afin de les animer. Pour cela, il suffit d'imprimer les coloriages depuis le site de l'éditeur, de laisser vos enfants les embellir (en évitant les couleurs sombres pour une bonne reconnaissance par l'appli), puis de regarder ensemble leurs créations s'animer.

• Notre avis

Ces coloriages animés valent le détour : les animations, fluides, sont bluffantes, surtout s'il s'agit de votre première expérience en la matière. Les couleurs choisies se retrouvent avec précision sur les images animées et les enfants ont vraiment l'impression de voir leurs dessins devenir réalité. Notre coup de cœur va au papillon monarque, qui permet de colorier et d'observer les quatre phases de son évolution, de l'œuf au papillon.

Créativité

Fabricabrac

BnF (FRANCE)

• Présentation

Cette application permet de réaliser des créations graphiques à partir du fonds d'images de la Bibliothèque nationale de France. Dans trois rubriques – les lettres, les animaux fantastiques et les pays imaginaires –, les enfants sont invités à assembler à leur guise des éléments illustrés, pour créer une chimère, écrire un mot imagé ou inventer la carte du pays de leurs rêves. Le menu de gauche rassemble les propositions, par exemple les parties du corps pour les animaux ou les éléments topographiques pour les cartes. En sélectionnant un élément, il apparaît à l'écran et peut être pivoté, agrandi et positionné librement.

• Notre avis

Fabricabrac invite à la curiosité, car les enfants n'ont pas l'habitude de manipuler des illustrations anciennes. Les petites mains pourront avoir envie d'en découvrir plus et les esprits créatifs auront de quoi s'amuser! Comment, vous n'aviez jamais vu un hippocampe à crinière de lion?

Créativité

Sélection de *paper toys*

(POLOGNE / FRANCE)

• Foldify

La belle application (payante) de *paper toys* – mais uniquement pour Apple –, *Foldify*, créée par le studio Pixle, propose des patrons de formes géométriques ou d'animaux. Les enfants personnalisent le jouet de leur choix, un cube, une pyramide, un dinosaure ou encore un toucan et visionnent aussitôt en 3D la représentation de leur création. Il suffit ensuite de l'imprimer, la découper et la monter !

• Sélection de sites

Le site *Creative Park* de Canon, qui nécessite la création d'un compte gratuit, propose une belle sélection de jouets en papier à imprimer, allant de modèles simples d'animaux à des maquettes complexes de véhicules ou monuments. Le site *Tête à modeler* d'Ouest-France propose aussi des *paper toys* dans sa rubrique « Coloriages 3D ». Enfin, *Gallica*, la bibliothèque numérique de la BnF, offre une sélection de jouets de papier issus de la numérisation de documents anciens. Cherchez « Découpages » pour les découvrir : un pantin, un éléphant ou une tour Eiffel verront le jour !

Créativité

Dessine ton jeu

ZERO ONE (FRANCE)

• Présentation

Cette application permet de jouer dans des interfaces créées par les utilisateurs et d'inventer son propre jeu en 2D à partir d'un dessin pris en photo. Cette seconde expérience est la plus étonnante. Pour cela, munissez vos enfants d'une feuille blanche et de quatre feutres de couleurs noire, rouge, bleue et verte, et invitez-les à concevoir un tableau de jeu en utilisant les codes couleurs indiqués dans l'appli. Prenez ensuite en photo le dessin et… testez la jouabilité de la réalisation !

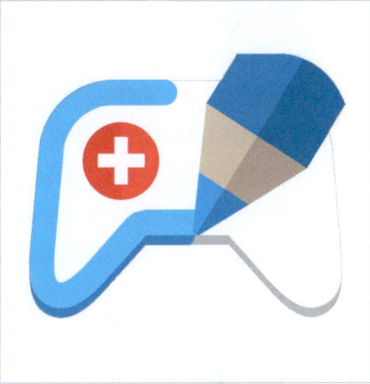

• Notre avis

Si l'appli demande un certain temps de prise en main, elle permet de réaliser très simplement un jeu vidéo sans avoir à coder, tout en développant la créativité des enfants. C'est une approche intéressante et originale, idéale à utiliser dans une fratrie. Les enfants tenteront ainsi à la fois de réussir les tableaux de leurs frères et sœurs et de les défier avec des interfaces diaboliques.

Créativité

Audio Adventure

FOX & SHEEP (ALLEMAGNE)

★★★★★

• Présentation

Voici de quoi initier les enfants à la création audio : cette application permet d'enregistrer des plages audio sur une table de montage colorée. Les sons, à enregistrer ou à choisir dans une petite banque sonore, sont à placer sur trois bandes horizontales. Par exemple, sur la plage du haut, la voix du narrateur raconte une bataille ; la plage centrale accueille le bruit des fers qui se croisent ; enfin, la plage du bas fait résonner des galops de chevaux.

• Notre avis

Audio Adventure réussit son pari de la simplicité : les très jeunes enfants peuvent y créer facilement des narrations. En quelques instants, les parents prendront en main cette appli et guideront les plus petits pour inventer des histoires ou des messages amusants ou festifs. Une fois les enregistrements terminés, vous pourrez bien sûr les exporter pour les conserver et les transmettre. Une bien belle proposition à explorer en famille, à deux, trois ou quatre, enfants et adultes !

Créativité

Atelier franceinfo junior

FRANCE INFO (FRANCE)

• Présentation

Grâce à l'*Atelier franceinfo junior*, vos enfants vont se glisser dans la peau d'un journaliste radio et fabriquer leur propre émission. Ils découvriront comment se construit un journal radiophonique et ce qui le compose (interviews, reportages, chroniques, etc.). Et ils pourront réaliser et monter leur émission dans le studio d'enregistrement de l'appli. Gimmick de lancement, outil de montage… : tout est à leur disposition.

• Notre avis

Si l'appli a été conçue pour un usage dans un contexte scolaire, elle se prête tout à fait à une utilisation familiale. Elle permet la création d'une émission de radio ou d'un podcast avec un dispositif technique simplifié et facile à prendre en main. Les enfants auront tout de même besoin de votre accompagnement pour structurer l'émission, et surtout en préparer le contenu. Vous pourrez pour cela vous aider des fiches pédagogiques téléchargeables depuis l'appli.

Créativité

Book Creator

TOOLS FOR SCHOOLS (ROYAUME-UNI)

• Présentation

Créer un livre ou une BD numérique en quelques minutes ? Rien de plus facile avec *Book Creator*, une application sur iPad et un site Internet accessible depuis une tablette Android ou un ordinateur. Cette ressource, particulièrement pratique et intuitive, permet à des enfants très jeunes de la manipuler. Après avoir choisi un format de livre – de nombreux modèles sont proposés sur le site –, les enfants composeront les pages en plaçant des blocs d'images ou de texte. Ils écriront, choisiront la police et les styles, intégreront des photos, des vidéos et pourront également dessiner à main levée.

• Notre avis

BD animée, livre de recettes interactif ou journal : vos enfants vont devenir tout à la fois auteurs, illustrateurs et maquettistes ! Cet outil bien pratique vous permettra de créer ensemble des ouvrages ou des albums à partager avec toute la famille. Une ressource créative à explorer sans modération.

Créativité

Toontastic 3D

GOOGLE (ÉTATS-UNIS)

• Présentation

Toontastic 3D permet aux enfants de créer leur propre film animé à l'aide de marionnettes numériques. Après le choix du scénario, du décor et des personnages – qu'il est également possible de dessiner –, les utilisateurs vont, tout en enregistrant sons et mouvements, déclamer leurs dialogues et déplacer les personnages dans les différentes scènes. Une expérience faite pour le collectif : on pose la tablette au milieu de la table, on se répartit les rôles et on anime ensemble. Et quand le tournage est terminé, on regarde le résultat !

• Notre avis

Voici un outil créatif pertinent qui facilite la création de films en s'affranchissant des aspects techniques. Mais bien sûr, il faut prendre le temps de structurer les étapes de son histoire et de travailler ses dialogues pour obtenir un résultat de qualité. L'application donne quelques conseils sur ce point. Elle est en anglais, mais reste suffisamment intuitive pour que tout le monde s'en empare sans peine.

Créativité

Stop Motion Studio

CATEATER (ÉTATS-UNIS)

• Présentation

Stop Motion Studio permet de réaliser facilement des films d'animation image par image. Jouets, objets du quotidien ou figurines créées en pâte à modeler seront conviés comme héros et héroïnes. Une fois les personnages positionnés devant votre appareil, vous devrez les mettre en mouvement très progressivement. *Clic*, première prise. Ils lèvent légèrement le bras : *clic*, deuxième prise. Un chef-d'œuvre animé se prépare ! Vous pourrez ensuite ajouter des effets sonores, des intertitres ou encore votre voix pour les doubler.

• Notre avis

Cette application se prend en main très rapidement et permet en même temps suffisamment de paramétrages pour réaliser de beaux films avec l'aide de vos enfants. Pour les plus jeunes, à partir de six ans, c'est l'occasion d'une belle activité partagée avec les parents. Les plus grand s'en empareront seuls et vous feront très certainement de petits chefs-d'œuvre animés.

Créativité

BDNF

BnF (FRANCE)

• Présentation

L'application *BDNF* de la Bibliothèque nationale de France peut être utilisée sur tablette comme sur ordinateur pour créer des BD numériques classiques, sans sons ni vidéos. Vos enfants pourront également explorer d'autres formats courts, tels que le mème, le comic strip ou le webtoon. Une fois le modèle choisi, ils pourront ajouter dans  les différentes cases des personnages, des décors, des onomatopées, des bulles et du texte. Et quand les réalisations sont terminées, vous pourrez les enregistrer et les partager au format image ou PDF.

• Notre avis

Cet outil complètement gratuit et ne nécessitant aucune connexion Internet ou création de compte ne bénéficie pas d'une ergonomie parfaite. Mais il a d'autres atouts : une banque d'images libres de droit et la proposition de formats de BD originaux. Vous trouverez en complément sur le site bdnf.bnf.fr des fiches pédagogiques détaillant les différentes étapes de création.

Apprentissages

Alphabet Parlant

HEY CLAY (UKRAINE)

★★★★

• Présentation

Cet abécédaire numérique associe chaque lettre à un animal. La lettre ou le son de cette dernière est à chaque fois prononcé et le tapoté de l'enfant provoque une animation. L'originalité de cette appli vient à la fois de son choix graphique et de la fluidité de ses animations. En effet, les lettres sont toutes de pâte à modeler. Le A se met littéralement en boule et se redéploie en alligator ; le B fond pour donner un bourdon appliqué ou le C cache un cerf inquiet. Vous trouverez également dans l'appli une chanson récitant l'alphabet au complet et une série de jeux.

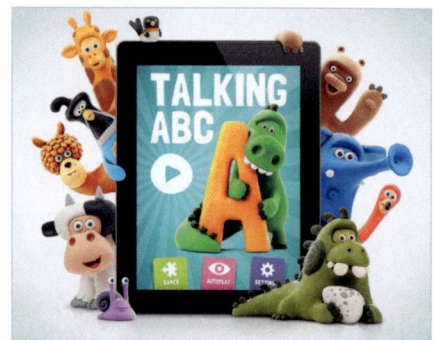

• Notre avis

Les animaux de cet alphabet ont été créés avec tendresse : souvent dotés de grandes dents et de petits nombrils, accompagnés de bruitages, ils se comportent comme de très jeunes enfants. Ainsi, le jaguar savoure une sucette et l'ours ressemble à un bébé étonné. Vos petiots vont adorer ! À noter que l'appli existe aussi sur Android, mais seulement en anglais.

Apprentissages

Les kits Marbotic

MARBOTIC (FRANCE)

• Présentation

Marbotic propose une approche originale des premiers apprentissages en lecture et en mathématiques. Sa méthode associe des chiffres et des lettres en bois à une série d'applications. Par exemple, en plaçant la lettre physique A sur l'écran, le A est prononcé ; en posant sur la tablette un 4 et un 5, le chiffre 9 apparaît. Si les applis pouvaient s'acheter auparavant à l'unité, elles sont désormais toutes liées à l'acquisition des kits en bois de l'éditeur, à un prix d'au moins 40 €, et à un abonnement si vous souhaitez bénéficier des dix applications – qui abordent les thèmes de la numération, des premiers calculs, des lettres, des mots et du vocabulaire.

• Notre avis

Ces applis sont conçues de manière à ce que l'enfant puisse se les approprier facilement et librement, lui laissant une grande autonomie et proposant un mode de découverte intelligent. Efficaces, simples et évolutives dans l'apprentissage. Une approche réellement adaptée aux maternelles.

Apprentissages

La maternelle Montessori

EDOKI ACADEMY (FRANCE)

★★★★

• Présentation

Edoki Academy rassemble sous le titre « La maternelle Montessori » une série d'applications d'éveil et consacrées aux premiers apprentissages : les couleurs et les formes, la musique, les mathématiques, la lecture et la musique. Comme beaucoup de ses pairs, le studio incite à contracter un abonnement, mensuel ou annuel, pour profiter de toutes les expériences. Néanmoins, certaines applis restent disponibles individuellement, mais essentiellement sur l'App Store. C'est le cas du *Son des lettres*, de *Déclic Lecture* ou encore du *Bonheur de lire*.

• Notre avis

Edoki Academy, récemment racheté par Bayard, propose des applications variées en termes d'approche, intéressantes mais inégales d'un point de vue graphique et au niveau de la liberté d'exploration laissée à l'enfant. L'ensemble reste néanmoins de bonne qualité et réunit, via l'abonnement, un nombre important de ressources bien étudiées pour les tout-petits.

Apprentissages

Travailler le français

CORNEILLE / PROF PHIFIX (FRANCE)

• Corneille

Destinée aux enfants de trois à huit ans, *Corneille* (disponible sur Apple et Android) fonctionne par abonnement. Cette méthode de lecture syllabique bénéficie de jolis graphismes, de multiples activités progressives et d'une bibliothèque d'une centaine d'histoires. Lancée au format numérique, la méthode va également se décliner en papier, sous le titre *J'apprends à lire avec Corneille* !

• Prof Phifix

Créée par un enseignant, Philippe Arnoux, *Prof Phifix* (disponible sur Apple) a pour objectif de renforcer les connaissances en français des enfants du CE1 au CM2. Grammaire, orthographe, vocabulaire et conjugaison sont abordés en détail sous forme de leçons et de quiz. Complète en termes de notions étudiées, cette appli se démarque par ses graphismes et sa fluidité d'utilisation. Il existe également un site, *Professeur Phifix*, où vous trouverez de nombreuses fiches à imprimer sur les lettres, des leçons vidéo de maths et de français et des exercices en ligne.

Apprentissages

Les applis de L'Escapadou

L'ESCAPADOU (FRANCE)

• J'écris en cursive

Avec ses multiples paramétrages, cette application aide à l'apprentissage progressif et précis de l'écriture en cursive. Les enfants traceront à l'écran, au doigt ou au stylet, des lettres minuscules et majuscules, des chiffres et des mots complets. La trajectoire du tracé est précise. Nous sommes face à un réel outil d'entraînement à l'écriture, doté de nombreuses options. Les parents peuvent rajouter à l'envi des mots, actionner un mode défi et créer différents profils d'utilisateurs.

• La magie des mots

La magie des mots permet d'entendre les mots que l'on a composés à l'écran. C'est une super appli, intelligente et évolutive : les plus jeunes découvriront la création de mots et les plus grands renforceront leur vocabulaire. De multiples options sont disponibles : on peut choisir la voix, sa vitesse d'élocution, la taille des lettres, leur présentation, la durée des animations entre deux mots, et même ajouter sa propre liste de mots.

Apprentissages

HiFIVE

CODAPI (FRANCE)

★★★★★

• Présentation

Cette application transforme l'apprentissage de la LSF (langue des signes française) grâce à une approche vive et moderne. Elle propose une découverte des signes grâce à des personnages animés, des jeux d'association entre les signes et leur signification et des traductions de phrases signées à l'écran. Les différents niveaux sont présentés comme des saisons et épisodes de cinéma. On commence par l'initiation aux lettres et aux premiers mots ou ensembles de mots. Vous pouvez tester gratuitement les deux premiers niveaux.

• Notre avis

Avec ses couleurs tranchées et son mode de fonctionnement efficace, *HiFIVE* s'adresse à tous les curieux. Elle fonctionne à la manière d'un *Duolingo*, en incitant fortement à l'apprentissage de manière ludique. Badges à gagner, succès à remporter, objectifs à atteindre : toutes les astuces de motivation et d'incitation à poursuivre se trouvent dans cette appli. Et ça marche !

Apprentissages

LingoZING!

LINGOZING (FRANCE)

★★★★

• Présentation

LingoZING! est une librairie de BD à double langue pour lire et écouter de l'anglais, de l'espagnol ou du portugais. En cours de lecture, on peut vérifier en un clic la signification d'un mot, accéder à sa définition et l'entendre prononcé. Et pour accéder à la lecture progressive de toute la planche – avec des zooms sur chaque case –, il suffit de tapoter avec deux doigts à l'écran. L'application offre une BD lorsqu'on y crée un compte, puis les titres coûtent entre 1 et 6 €.

• Notre avis

L'originalité et l'intérêt de cette ressource viennent de la facilité de passage d'une langue à l'autre en cours de lecture. De plus, le format BD s'avère plus attirant pour les enfants, dans le cadre de l'apprentissage d'une langue, que des narrations uniquement textuelles. Enfin, l'appli bénéficie d'un autre atout : la possibilité de s'enregistrer pour tester la qualité de sa prononciation.

Apprentissages

Quelle Histoire

QUELLE HISTOIRE (FRANCE)

• La chaîne YouTube Quelle Histoire

Quelle Histoire, spécialiste de la découverte ludique de l'histoire pour les enfants, propose sur sa chaîne YouTube de courtes vidéos sur les grandes civilisations et les personnages illustres, avec notamment une série de portraits de femmes inspirantes. L'illustration soignée et les explications accessibles plairont assurément aux enfants à partir de sept ans. Vous retrouverez également en complément des fiches pédagogiques sur le site Internet de l'éditeur, ce qui vous permettra de vérifier les connaissances acquises par vos enfants après le visionnage.

• Le podcast Mythes et légendes

Quelle Histoire propose également un podcast sur les mythologies qui ont façonné notre monde. Ulysse, Athéna, Isis et Osiris, les dieux aztèques ou encore Sekhmet, la déesse aux trois visages : les enfants vont approfondir leurs connaissances des mythes et légendes et en découvrir d'autres dans une ambiance sonore immersive.

Apprentissages

Exploratio

GAMELOFT (FRANCE)

• Présentation

Cette application, soutenue par le ministère français de la Culture et l'Office québécois de la langue française, met en scène, sous forme de jeu, la richesse de notre langue. Avec tous les codes du jeu mobile, *Exploratio* démarre sur un fond d'écran violine et de planètes bigarrées. Nous jouons avec un spationaute investi d'une unique mission : retrouver la diversité de la langue française. Il doit pour cela passer les niveaux afin d'atteindre les tesseracts. En résolvant des quiz, textes à trous ou mots croisés, vous allez associer les définitions et expressions.

• Notre avis

Ce jeu s'avère plus complexe qu'il n'y paraît, car même en connaissant bien les expressions et la langue française, des subtilités québécoises ou belges, par exemple, pourraient vous échapper. N'hésitez pas à y jouer en famille : vos enfants apprendront beaucoup de nouvelles tournures ! À propos, avez-vous peur de battre le beurre ?

Apprentissages

Réviser les maths

(FRANCE)

 ★★★★★

• J'peux pas, j'ai maths et Maths et tiques

Ces deux sites gratuits ont été créés par des enseignants. Benjamin Arsac a imaginé *J'peux pas, j'ai maths*, qui rassemble de nombreux exercices de calcul mental du CM1 à la 3e. Vos enfants pourront, via le parcours libre, se perfectionner et tenter le « calcul mental de la mort », sur une musique angoissante. Yvan Monka, de son côté, propose sur *YouTube* et en ligne *Maths et tiques*, pour aider les élèves de la 6e à la terminale : au programme, des vidéos, des cours et des exercices.

• Mathador

Mathador est un jeu physique, inventé par Éric Trouillot et adapté en version numérique. Il peut se jouer en famille, sur navigateur dans une version réduite, ou bien via des applications payantes : *Mathador Solo* et *Mathador Chrono* (sur Apple et Android) et *Mathador Flash* & *Plato* (sur Apple), cette dernière permettant de jouer à plusieurs. Pour gagner, il va falloir composer les opérations adéquates jusqu'à atteindre un nombre cible, grâce à une série de chiffres et de signes mathématiques.

Apprentissages

Math Makers

ULULAB (CANADA)

★★★★★

• Présentation

Cette application, disponible via un abonnement mensuel ou annuel, se positionne comme un entraînement progressif aux mathématiques, avec une approche ludique et intuitive. Elle comprend plusieurs chapitres : sur les petits nombres, pour apprendre à additionner, soustraire et manipuler les nombres à deux chiffres ; les grands nombres

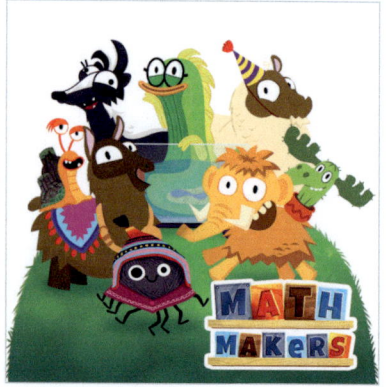

(à trois chiffres) ; les fractions ; les fractions avancées. L'objectif des jeux : supprimer les obstacles qui encombrent la route pour aider un lama ou un mammouth à avancer.

• Notre avis

Math Makers permet aux enfants dès quatre ou cinq ans de jouer avec les notions mathématiques et la logique. C'est la grande force de cette application : elle part d'une notion éducative pour la rendre réellement ludique. On est ainsi plus dans de la manipulation que dans de l'apprentissage : il ne s'agit pas d'un outil scolaire mais d'un complément pour stimuler l'esprit logique et mathématique des enfants.

Apprentissages

Kahoot! Algebra by DragonBox

KAHOOT! (NORVÈGE)

★★★★★

• Présentation

Imaginez donc : une appli drôle, addictive et ludique qui désacralise les équations et l'algèbre ! Le jeu s'ouvre. Chaque chapitre est représenté par un monstre, installé dans une bulle ou sur une étrange planète flottant dans l'espace : une ambiance de jeu vidéo. On choisit le premier niveau : l'écran, divisé en deux, comprend une caisse brillante et des cartes rigolotes. Le joueur, en manipulant les cartes, doit s'arranger pour que la caisse soit seule de son côté de l'écran… Comment faire pour qu'elle puisse « manger » les cartes situées de l'autre côté de la délimitation ?

• Notre avis

Vous ne comprenez pas ce jeu ? Ne vous inquiétez pas ! En effet, pour les enfants, le principe est très intuitif. Laissez-les jouer… sans leur dire qu'il y a un objectif éducatif, et vous les verrez dans les derniers chapitres manipuler non plus une caisse et des cartes, mais des chiffres et des X. Cette appli initie sans s'en rendre compte aux équations mathématiques. Très étonnant et efficace !

Sciences et logique

Lumière et couleur par Tinybop

TINYBOP (ÉTATS-UNIS)

• Présentation

Lumière et couleur : tout est dit ! À l'instar des autres applications de l'éditeur, c'est en explorant et en tâtonnant que les enfants vont mener ici des expériences bien intéressantes. Les différentes rubriques permettent de jouer avec les couleurs primaires ; d'observer les variations du ciel ; de collecter les teintes de son environnement  (via l'appareil photo de la tablette ou du smartphone) ; de comparer le fonctionnement de la vision de l'homme, du chien ou encore du bourdon ; d'associer des émotions aux couleurs ; et enfin de jouer à la reconnaissance de couleurs.

• Notre avis

Cette appli, étrange à première vue, s'avère en fin de compte riche et intrigante. Laissez les enfants s'en emparer librement, ils trouveront par eux-mêmes les objectifs de chaque rubrique et leurs modes de fonctionnement ! Lorsqu'on donne un matériau ludique aux enfants, leur curiosité naturelle s'éveille.

Sciences et logique

Comment fonctionne mon corps ?

LEARNY LAND (ESPAGNE)

★★★★

• Présentation

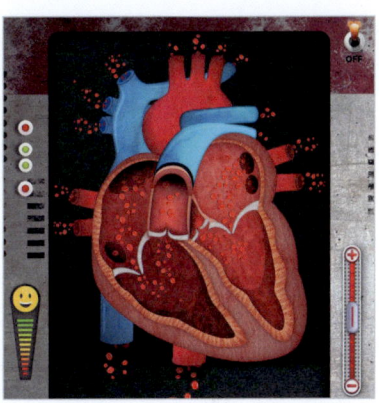

Cette appli constitue un documentaire animé. L'enfant choisit d'abord un personnage à étudier, fille, garçon ou future maman, lui attribue une couleur de peau, puis passe son spécimen au scanner pour en étudier le fonctionnement. Huit thèmes d'étude sont ensuite proposés : l'appareil digestif, l'appareil respiratoire, le système nerveux, la circulation sanguine, les muscles, le squelette, l'appareil uro-génital et la peau. Des tirettes et des boutons permettent d'interagir avec le personnage, de le faire manger, courir, changer d'émotion ou encore respirer à des intensités variables.

• Notre avis

Voici une ressource bien pensée, ludique et documentaire à la fois, avec un bon équilibre entre animations et informations ! Un système de loupe permet par ailleurs d'obtenir des détails complémentaires. Seul regret : quelques fautes d'orthographe sont à déplorer dans la version française – l'éditeur, espagnol, propose treize langues différentes.

Sciences et logique

Thinkrolls

AVOKIDDO (CHYPRE)

★ ★ ★ ★

• Présentation

Les jeux *Thinkrolls*, le 1, le 2, l'opus *Kings & Queens* comme le *Space*, mettent à l'épreuve la logique de vos enfants. Des petits bonshommes-boules roulent le long de labyrinthes verticaux. Ces billes numériques les entraînent dans un cheminement joyeux. Au début d'un tableau, on fait tomber le personnage sphère : il roule et il tombe pour poursuivre son parcours. Et au passage, il attrape des anneaux pour débloquer un nouveau déguisement et passer à l'étape supérieure. Si certains niveaux sont réalisables par des enfants dès quatre ans, les obstacles se corsent au fur et à mesure de l'avancée dans le jeu avec des clapets à ouvrir, des accordéons à déployer, des tonneaux, des ventilateurs et de multiples pièges à déjouer.

• Notre avis

Ces jeux bien conçus, drôles et colorés, permettent d'aller à son rythme, sans pression inutile. Une belle proposition adaptée aux jeunes joueurs pour phosphorer en s'amusant.

Sciences et logique

Lightbot: Code Hour

SPRITEBOX LLC (ÉTATS-UNIS)

• Présentation

Lightbot facilite la familiarisation aux premiers principes de la programmation informatique. Il va falloir prévoir les mouvements d'un petit robot (ou d'une petite « robote ») composé de ronds et d'ovales et doté  une antenne. Le personnage se déplace sur un damier de cases bleues et grises dans une ambiance graphique sobre. Sa mission consiste à allumer toutes les cases bleutées de l'échiquier. Il va donc falloir prévoir ses actions pour le mener au succès. Une flèche pour avancer, une ampoule pour allumer, un tourbillon pour sauter, une flèche arquée pour tourner et, en fin de jeu, un pinceau de couleur pour des actions spécifiques : voici les commandes que devront manipuler les enfants.

• Notre avis

L'ensemble est progressif et amusant. Vous verrez que certains enfants – et adultes – seront à l'aise dans l'exercice et que d'autres auront du mal à positionner leur robot dans l'espace. Quoi qu'il en soit, cette ressource est de très bonne qualité. À tester en famille !

Sciences et logique

Comprendre l'informatique en jouant

MARIE DUFLOT (FRANCE)

★★★★★

• Présentation

Marie Duflot, maîtresse de conférences en informatique, propose sur la chaîne YouTube Pixees Science-participative la playlist « Comprendre l'informatique en jouant ». Elle y présente douze idées d'activités déconnectées. Au programme de ces vidéos très claires : la notion d'algorithme conditionnel grâce à un tour de magie, l'importance de l'humain dans la programmation avec le jeu du crêpier psychorigide, ou encore les capacités d'apprentissage d'une machine grâce à son intelligence artificielle.

• Notre avis

Chaque vidéo explique de manière ludique et détournée des concepts parfois durs à appréhender. Les enfants apprennent en jouant et découvrent ensuite la logique de l'activité liée à une notion informatique. Vous pouvez visionner les vidéos avec eux, puis tenter de reproduire l'activité. Certaines propositions sont adaptées à des enfants à partir de cinq ans, mais d'autres se destinent plutôt à des adolescents.

Sciences et logique

Kahoot! Learn Chess: DragonBox

KAHOOT! (NORVÈGE)

€ | 6+ | 🎲 | 🍎 | 🤖   ★★★★

• Présentation

Quand un éditeur rencontre Magnus Carlsen, le champion du monde d'échecs, cela donne lieu à une application particulière pour apprendre, sans s'en rendre compte, le déplacement des pièces d'échecs. Ça démarre avec un roi joufflu : il se meut sur un tableau pavé dans un monde plein de surprises où se cachent des pièces d'or, des clés, des couloirs secrets et des trappes. Progressivement, le roi sera rejoint par un pion motivé, une tour gauche, un fou délirant, un cavalier juché sur une monture à deux pattes, et enfin une reine souriante et guerrière. Chaque pièce est ainsi dotée de son propre caractère.

• Notre avis

Sortez vos échiquiers ! Après cet apprentissage ludique, vos enfants vont prendre le temps de réfléchir, couvrir leurs arrières, utiliser les bons couloirs et choisir la pièce adéquate. Auparavant indépendante, cette appli fait maintenant partie d'un abonnement mensuel ou annuel, passage obligé pour en bénéficier.

Sciences et logique

AR-kid: Space

NEDD (FRANCE)

• Présentation

Paré·e au décollage ? Accompagné·e du robot Cosmo, vous allez vivre avec vos enfants un petit voyage éducatif dans l'espace. L'expérience commence... Installez-vous dans un endroit éclairé et pointez votre appareil vers le sol. Aussitôt, le robot apparaît dans votre salon, puis une fusée, placée sur sa rampe de lancement. Le compte à rebours démarre : profitez du spectacle, la fusée s'envole devant vous. Le lancement réussi, vous passez au second chapitre et à la réalité virtuelle : vous allez regarder la Terre depuis l'espace, observer la Station spatiale internationale sur laquelle un astronaute est en train d'intervenir, ou encore découvrir de près un satellite de communication.

• Notre avis

Cette application est bluffante et apporte de nombreuses informations. L'expérience est un peu courte et n'est pas conçue pour être rejouée – sauf à suivre le même déroulé –, mais cette ressource étonnante mérite d'être connue !

Sciences et logique

Star Walk Kids

VITO TECHNOLOGY (ÉTATS-UNIS)

• Présentation

Vito Technology a développé une version enfant de son application d'astronomie. Elle regroupe un guide et une aide à l'observation. Planètes et étoiles, constellations et satellites y sont présentés grâce à des explications écrites, sonores et vidéo. De petites animations décrivent – en français – les principaux astres ou objets célestes, comme par exemple le trou noir Cygnus X-1 et la Station spatiale internationale. Mais c'est surtout l'utilisation du gyroscope qui a fait connaître l'éditeur : en pointant votre appareil vers le ciel, l'appli fait correspondre la carte de votre écran aux étoiles vues depuis votre emplacement.

• Notre avis

Voici une bonne initiation à l'astronomie si vous prenez le temps de consulter l'appli avec vos enfants et d'organiser une séance d'observation du ciel. Vous pouvez néanmoins préférer utiliser en famille *Star Walk* 1 ou 2, destinées aux adultes, comprenant plus d'explications et d'informations.

Sciences et logique

Inventions de Pettson

FILIMUNDUS (SUÈDE)

★★★★★

• Présentation

Barrages et petits moulins à eau, jeux de roues et constructions de bois : tous les enfants du monde ont déjà testé leurs compétences et leur ingéniosité en tentant de fabriquer ce genre de machines éphémères. *Inventions de Pettson* reproduit, en version applicative, cette envie naturelle de fabriquer et de résoudre. Dans un univers graphique artisanal – qui participe au charme de l'appli –, ce jeu propose de sympathiques casse-tête rocambolesques.

• Notre avis

Un succès assuré auprès des enfants ! Est-ce l'univers poétique de l'illustrateur – Sven Nordqvist, auteur de la série d'albums *Pettson et Picpus* –, le côté farfelu de ces jeux de logique, l'humour caché derrière chaque tableau ? Un peu de tout ça, sûrement ! En solo, en duo, en groupe, les enfants aimeront les défis du vieux grand-père bricoleur. Il existe trois applis *Inventions de Pettson*, et elles sont toutes de qualité.

Sciences et logique

Little Alchemy

RECLOAK, JAKUB KOZIOL (JAPON)

• Présentation

Cela pourrait s'apparenter à une liste de mots égrenés ou à une ritournelle de cour d'école :
Terre et vie = humain.
Humain et énergie = magicien.
Ciel et feu = soleil.
Little Achemy nous invite à créer 560 éléments à partir d'associations d'idées. Quand on ouvre le jeu, quatre dessins apparaissent : l'air, l'eau, le feu et la terre. Vous choisissez deux d'entre eux, l'eau et l'air par exemple, et vous les rapprochez l'un de l'autre : la combinaison fait aussitôt apparaître la pluie. À partir de là, la quête démarre !

• Notre avis

Voici une application et un site Web terriblement simples et pourtant drôlement intéressants. Comme un cabinet de curiosités logiques, qui se remplit progressivement grâce à des combinaisons parfois farfelues, ce jeu intriguera de sept à soixante-dix-sept ans. Sachez qu'il existe deux opus du jeu, fonctionnant sur le même principe. Et si vous atteignez les 560 éléments, chapeau bas ! Tiens, Chapeau et Bravo, ça donnerait quoi ?

Sciences et logique

Sélection de chaînes scientifiques

(FRANCE)

★★★★

• Les sciences pour tous les âges

C'est pas sorcier, la chaîne YouTube officielle de l'émission scientifique toujours très connue des enfants, donne accès aux archives des sujets traités. Complétez vos signets par la chaîne de Jamy Gourmaud, Jamy-Epicurieux, et vos enfants en apprendront sur les superpouvoirs des animaux ou encore les arnaques scientifiques les plus folles. Pour les ados, *Le Vortex*, produit par Arte, rassemble un collectif de jeunes talents de la vulgarisation scientifique issus de champs disciplinaires différents. L'objectif, original, est de confronter les points de vue des différents contributeurs.

• Focus maths et physique

Certaines chaînes YouTube ont le don de vous faire aimer des matières qui peuvent paraître complexes. David Louapre, docteur en physique, nous raconte sur Science étonnante des expériences, des concepts et des erreurs scientifiques. Et Mickaël Launay, avec Micmaths, nous éclaire sur les fractales, la quatrième dimension ou encore les hexaflexagones.

Nature

Birdie Memory

BIRDIE MEMORY (FRANCE)

• Présentation

Chut, chut, écoute ! Mésange bleue, fauvette grise, martinet noir ou pinson des arbres, où vous cachez-vous ? Dans les arbres, toujours, si les hommes pensent à protéger vos habitats et à prendre soin de vous. Mais également sur le papier d'un poster et de cartes postales et dans les pages d'un bel album, *Écoute les oiseaux*, illustré par Léna Mazilu et écrit par l'ornithologue Maxime Zucca. Une fois que vous serez doté de l'un de ces supports, vous téléchargerez l'appli *Birdie Memory* et vous l'utiliserez pour scanner les illustrations. Regardez ! Écoutez ! Les oiseaux s'animent et se mettent à chanter !

• Notre avis

L'expérience est à mener en famille, à tout âge, pour les enfants comme pour les adultes – avec votre aide pour les plus jeunes. Vous apprendrez ainsi à reconnaître les chants de vingt oiseaux européens via leur animation en réalité augmentée et un jeu de memory sonore. Comptez 20 € pour l'achat de l'album ou du poster.

Nature

Les voyages extraordinaires d'Axel

AMATERRA, MAISON TANGIBLE (FRANCE)

• Présentation

L'activité commence en ouvrant le grand album papier des *Voyages extraordinaires d'Axel*, d'Aurélien Jeanney. Axel et Soon, accompagnés de leurs compagnons, Zelda la chatte et Archimède l'oiseau, découvrent les mers et océans, l'espace, les animaux sauvages, la vie à la ferme et la ville du futur. Les pages très colorées de ce beau livre édité par Amaterra s'accompagnent de textes informatifs invitant à la curiosité. Et en complément, l'album vous propose de télécharger son application de réalité augmentée, développée par le studio *Maison Tangible*, afin d'animer toutes les pages.

• Notre avis

L'album papier a réussi son pari : il donne envie de l'explorer visuellement. Les pages, entièrement colorées, regorgent de détails et attiseront l'intérêt de tous. La proposition en réalité augmentée est à saluer pour sa fluidité et la grande qualité de son animation : c'est tout simplement magnifique ! Mais cette appli est juste à regarder : vous n'y trouverez pas d'interaction ou de sonorisation.

Nature

Ravouka, la souris scientifique

CIRCUS ATOS (TCHÉQUIE)

★★★★

• Présentation

Ce jeu éducatif vise à explorer le monde secret des plantes et petites bêtes qui peuplent les soussols, la forêt, l'étang et le jardin. C'est un mulot sylvestre au poil roux et aux grandes oreilles qui se charge de guider vos enfants. On le fait évoluer du bout du doigt dans les galeries, les arbres ou les herbes. Et à l'aide de la loupe placée sur le côté de l'écran, on obtient plus d'informations sur chaque rencontre qu'il fait : ici un hanneton, là une libellule ou un perce-oreille. Une fiche synthétique décrit la bête rencontrée, sa taille, son habitat, son alimentation et ses principales caractéristiques. C'est précis et on enrichit vraiment ses connaissances et son vocabulaire.

• Notre avis

Au-delà de quelques fautes de français dues à la traduction, ce jeu donne l'impression de consulter le carnet de dessins d'un botaniste, un plaisir pour les yeux ! Sachez qu'il existe également un album papier du même titre, paru en France aux Éditions Amaterra.

Nature

Plantes par Tinybop

TINYBOP (ÉTATS-UNIS)

 ★★★★

• Présentation

C'est en explorant et en observant que les enfants vont naviguer dans *Plantes*. L'appli, éditée par Tinybop, s'ouvre sur une forêt clairsemée et verdoyante, plantée de tilleuls, noisetiers et chênes et traversée par des cerfs. Que peut-on y faire ? Planter des glands, accélérer le cours du temps, changer la météo ou encore consulter les noms et explications parsemés sur la page. Un onglet sur la gauche de l'écran permet de changer d'environnement pour aller explorer le désert, la toundra ou la prairie.

• Notre avis

Ce jeu documentaire peut sembler déroutant aux parents, car il se découvre à petits pas. C'est le principe de l'éditeur, et vous verrez que cela fonctionne très bien chez les enfants, curieux de nature : ils n'hésiteront pas à creuser dans le sous-sol, à jouer des saisons ou expérimenter la création d'orages. Si néanmoins vous êtes un peu perdus, l'éditeur propose sur son site un guide de l'appli – en français – avec la liste des activités à y mener.

Nature

La réalité augmentée de Google

GOOGLE (ÉTATS-UNIS)

• Présentation

Via l'application *Google*, vous allez pouvoir visualiser en réalité augmentée plus de vingt-cinq animaux différents et dix dinosaures. Pour cela, entrez tout d'abord le nom de l'animal ou du dinosaure dans la barre de recherche, et appuyez sur « Voir en 3D ». Puis, pour inviter cette petite ou grande bête dans votre salon, appuyez sur « Visualiser chez vous ». Scannez doucement le sol de votre pièce et attendez un peu : un tyrannosaure, un tigre, un canard, un requin, une tortue ou encore un loup apparaît devant vous !

• Notre avis

Cette fonctionnalité, accessible avec un appareil doté au minimum d'iOS 11 ou d'Android 7 donne de la visibilité à des espèces en voie de disparition, permet d'observer de près des animaux disparus, et fait simplement découvrir la réalité augmentée. Elle émerveillera les plus jeunes comme les adultes. N'hésitez pas à photographier ou filmer vos enfants avec leurs créatures favorites : l'expérience est incroyable !

Nature

Bestioles

FRANCE INTER (FRANCE)

• Présentation

France Inter propose, en partenariat avec le Muséum national d'histoire naturelle, un podcast baptisé *Bestioles*. Dans des épisodes d'une durée de sept à onze minutes, les animaux, petits ou grands, y sont à l'honneur. Vous pourrez ainsi écouter l'histoire de la marmotte, du crabe, du merle, du lombric, de l'oursin, du kangourou, de l'hippocampe, de la moule, de l'orang-outan et de l'araignée. Il s'agit de documentaires narratifs ; le journaliste Denis Cheissoux décrit et présente l'animal dans son environnement comme s'il se trouvait face à la scène, et l'animal répond à ses questions.

• Notre avis

Bestioles nous embarque dans des mondes à chaque fois surprenants. Le choix du docu-fiction donne du rythme à la présentation, à la fois amusante et précise dans les mots et informations transmis. Tiens, savez-vous ce qu'est le byssus ? Et comment dit-on « orang-outan » en chinois ? À écouter via l'appli ou le site de *Radio France*.

Nature

Traversées

ONF (CANADA)

• Présentation

L'Office national du film du Canada nous offre un voyage visant à trouver des fragments poétiques perdus et à restaurer les souvenirs de la nature. Cette aventure en ligne – une expérience artistique plus qu'un jeu – a été créée par Matt DesLauriers et illustrée par Tiffany Beucher. Nous guidons à l'écran un personnage vêtu d'une grande cape rouge brodée d'or qui part en quête de symboles déposés dans la nature. Ici un zéphyr, là une étoile ou une lune. Ces trésors créent les uns après les autres de courtes phrases poétiques, proches des haïkus japonais.

• Notre avis

Cette expérience onirique invite au calme et à l'écoute. Les oiseaux pépient, la brise se lève, la musique nous enveloppe : nous voici partis pour une exploration libre de grands paysages ocre, verts ou bleus grâce à notre petit elfe, traverseur de saisons et accoucheur de mots. Magnifique ! Et on peut récidiver : le paysage et les textes, générés aléatoirement, seront différents.

Nature

Alba

USTWO (ROYAUME-UNI)

★★★★★

• Présentation

Arrivée pour les vacances chez ses grands-parents sur une île méditerranéenne, la jeune Alba va explorer l'île, scanner, à l'aide de son téléphone, de nombreux oiseaux et animaux afin de les identifier, nettoyer, réparer mangeoires ou ponts abîmés et convaincre les habitants de se battre contre des projets de destruction et de bétonnage de l'île. Ensemble, ils réussiront à sauver un dauphin, rendre aux plages leur superbe, et bien sûr stopper le chantier du complexe hôtelier. Le joueur dirige Alba, interagit avec de nombreux personnages qui l'interpellent et suit, chaque jour, diverses missions.

• Notre avis

La beauté des paysages, la bande-son réaliste et la fluidité du parcours rendent cette expérience particulièrement agréable. Ce jeu long, d'au moins trois heures, invite à soigner animaux et espaces naturels, et pourrait faire naître ou renforcer la sensibilité écologique des jeunes et moins jeunes joueurs. À partager en famille sans modération !

Nature

Abzû

GIANT SQUID (ÉTATS-UNIS)

• Présentation

Envie de plonger, de découvrir les fonds marins, de vous promener librement ? C'est l'objectif de ce jeu, qui consiste en une promenade dans des tableaux richement illustrés. Vous incarnez une plongeuse qui vous entraîne dans sa balade : vous allez effectuer quelques acrobaties, découvrir une multitude d'espèces animales et végétales et interagir avec les bancs de poissons que vous frôlerez avec grâce. Vous voilà pris au jeu de l'océan, *abzû* désignant, en sumérien, le monde souterrain où se rejoignent les eaux.

• Notre avis

Quel voyage ! *Abzû* tient plus de l'expérience initiatique que du jeu. C'est une évasion, un parcours visuel qui plaira même aux non-joueurs. Profitez des graphismes colorés, des mouvements de la faune et de la flore qui vous entourent et de l'ambiance sonore. La manette passera de main en main afin qu'à tour de rôle, parents et enfants profitent de cette bulle de liberté.

Nature

WWF Together

WORLD WILDLIFE FUND (SUISSE)

• Présentation

Cette application, développée par l'ONG WWF, présente seize animaux en voie de disparition. Chaque espèce est associée à une caractéristique : la longévité pour la tortue, la grandeur pour la baleine ou encore l'espièglerie pour le dauphin. En parcourant une fiche, on découvre où vit l'animal sur un globe en 3D, quels sont sa population, son poids, sa taille, ses talents et quelles menaces pèsent sur lui. Par ailleurs, lorsqu'on se rend en bas à droite de l'écran, l'animal se transforme en origami et propose à l'utilisateur de se prendre en photo avec lui.

• Notre avis

Ludique, visuellement agréable et riche en contenus, l'appli invite les enfants à en apprendre plus sur leurs animaux préférés et constitue un très bon support pour discuter des effets de l'action humaine sur la biodiversité. Vous pouvez également consulter la rubrique « Espèces prioritaires » du site du *WWF* : vous y retrouverez les seize animaux de l'appli parmi d'autres.

Nature

Sélection biodiversité

   ★★★★

• Sur terre

Pourquoi ne pas profiter de vos écrans familiaux pour en apprendre plus sur la nature ? *Pl@ntNet* est un projet de sciences participatives sur la biodiversité végétale qui permet de reconnaître les plantes – en les prenant en photo – et d'enrichir en même temps une base de connaissances partagées.

De son côté, *Clés de forêt*, éditée par l'Office national des forêts, vous aidera à reconnaître une sélection d'arbres et d'animaux métropolitains.

• Dans les airs

BirdLab est une expérience scientifique participative de Vigie-Natur, un programme du Muséum national d'histoire naturelle. Installez deux mangeoires chez vous (à partir de novembre), ouvrez l'appli… et, pendant cinq minutes, reproduisez-y les arrivées et départs des oiseaux dans le décor virtuel ! Vous vous passionnez pour les papillons ? Ouvrez *Papillonline* de Noé, ONG de sauvegarde de la biodiversité. Cinquante et une espèces diurnes y sont répertoriées et un guide pas à pas vous permet de les identifier.

MyAppEduc

FRÉQUENCE ÉCOLES, ZAFFIRIA, MÉDIA ANIMATION, UFAPEC
(FRANCE / ITALIE / BELGIQUE)

• Présentation

Cette application est le fruit d'un projet européen adressé aux enseignants, aux bibliothécaires et aux familles pour accompagner les usages du numérique des enfants à partir de cinq ans. Elle se présente sous forme de carte composée d'îles à visiter : celle des émotions numériques, celle des informations et celle des pratiques numériques et médiatiques. Sur chaque île, les enfants et leurs parents accèdent à neuf mini-jeux dotés chacun d'un code couleur : l'orange pour ceux à réaliser à l'école, le rose pour la bibliothèque et le vert pour la maison.

• Notre avis

MyAppEduc peut bien sûr être utilisée exclusivement à la maison ; malgré son approche trop institutionnelle, elle constitue un bon support de discussion avec les enfants sur leurs usages et compréhension des écrans. Les plus jeunes auront besoin de votre aide pour répondre aux questions, mais vous pourrez laisser les plus âgés tester l'appli seuls dans un premier temps, et vous la présenter ensuite, en explorant ensemble les différents jeux.

Médias et info

Geek Junior

GEEK JUNIOR (FRANCE)

★★★★★

• Présentation

Geek Junior est à la fois un site d'information indépendant et un mensuel papier destiné aux adolescents. L'objectif est clair : sensibiliser les jeunes aux médias et à l'information et les informer sur les domaines des nouvelles technologies. Au programme : des actus et des suggestions, des conseils de jeux vidéo, de chaînes YouTube, de livres, de sites, ainsi que des tutoriels et des astuces pour mieux utiliser smartphones et réseaux sociaux.

• Notre avis

L'ambition de *Geek Junior* est de s'adresser directement aux ados sans les infantiliser, et de leur proposer des contenus d'actualité adaptés à leurs usages numériques et centres d'intérêt. Le site propose également un onglet spécial pour les parents, afin de les accompagner dans la découverte des ressources numériques de leurs jeunes et leur apporter des idées et astuces pour gérer les écrans. Un média à suivre sans modération !

Médias et info

Sélection décryptage

(FRANCE)

• Dopamine

Cette websérie d'Arte décrypte en huit épisodes le fonctionnement d'applis et de réseaux sociaux tels que Candy Crush, Snapchat ou encore Instagram. Vous découvrirez comment ils fonctionnent : en nous faisant sécréter de la dopamine, la molécule responsable du plaisir. De quoi comprendre les mécanismes de persuasion mis à profit pour nous rendre accros ! Ces vidéos d'une dizaine de minutes chacune peuvent être proposées à des ados à partir de douze ans.

• Les clés des médias

Cette série de vidéos courtes met en scène, en *stop motion*, des situations de la vie quotidienne des ados pour leur expliquer les différentes notions liées au traitement de l'information. Ils pourront par exemple y découvrir comment un incendie dans la pizzeria du coin a donné lieu à la diffusion d'une fausse information dans le collège d'à côté. À visionner sur le site de *Lumni*, qui rassemble les programmes éducatifs de l'audiovisuel public.

Médias et info

Internet Sans Crainte

TRALALERE (FRANCE)

   ★★★★

• Présentation

Internet Sans Crainte, développé par l'entreprise Tralalere, constitue un programme national d'éducation aux médias et à l'information. Le site offre une série d'outils destinés aux professionnels de l'éducation et aux familles. Une fois votre compte créé gratuitement, vous pourrez ainsi tester plusieurs modules allant de la création d'une charte de gestion des écrans en famille avec *FamiNum* à la sensibilisation au cyberharcèlement des plus jeunes avec le programme *Vinz et Lou*, en passant par *Info Hunter*, un module adressé aux ados pour apprendre à décrypter les fausses infos.

• Notre avis

Le site propose une série de modules à choisir selon l'âge, la thématique et le type de ressource via les menus de filtres. Prenez le temps d'en essayer certains collectivement, en famille, et proposez-en d'autres à vos ados en autonomie. Par exemple, *Vinz et Lou* s'adresse aux plus jeunes et *Info Hunter* aux plus de douze ans.

Médias et info

Numérique Éthique

MAIF, REPUTATION SQUAD (FRANCE)

• Présentation

Avons-nous bien conscience des traces que nous laissons tous les jours sur Internet ? Créé par la MAIF et l'agence Reputation Squad, *Numérique Éthique* est un site Internet permettant justement de sensibiliser ados et adultes à l'usage de leurs données personnelles et à leur réputation en ligne. Dans l'onglet « Ressources », divers quiz permettent, entre autre, de tester ses connaissances des réseaux, de prendre du recul sur ses pratiques et de se rendre compte de la manière dont ses données sont collectées.

• Notre avis

Vous trouverez sur le site une série de tutos et de fiches pratiques décryptant le fonctionnement des différents réseaux sociaux, ainsi que des dossiers spéciaux sur des sujets d'actualité liés aux nouvelles technologies et à la construction de l'identité numérique. N'hésitez pas à l'explorer et proposez un petit défi à vos ados : faites les quiz chacun de votre côté et comparez vos résultats !

Médias et info

Newscraft

VERTICAL (FRANCE)

• Présentation

Ce jeu à visée pédagogique a été développé dans le cadre d'un projet européen pour sensibiliser à la fabrique de l'information. Le joueur incarne un jeune journaliste qui doit choisir entre quatre rédactions, de la plus sensationnaliste à la plus engagée politiquement, pour effectuer son premier stage. Il aura alors trois jours pour faire ses preuves et  gagner en crédibilité auprès de ses pairs en écrivant des articles. Il devra pour cela commander des reportages, choisir la bonne info à mettre en avant et la photo qui fera mouche.

• Notre avis

L'interface est plutôt intuitive, mais conseillez aux jeunes de bien lire les consignes avant de se lancer. *Newscraft* fait découvrir de manière ludique les rouages du métier de journaliste, qui doit composer entre contenu de qualité, articles accrocheurs, sélection de photos et d'informations pertinentes, le tout en adéquation avec la ligne éditoriale de sa rédaction. Un exercice parfois délicat !

Médias et info

Qwant Junior

QWANT (FRANCE)

• Présentation

Qwant est un moteur de recherche qui ne collecte pas les données personnelles de ses utilisateurs et ne contient pas de traceurs de publicité. La version Junior va plus loin, car elle ne comporte aucune publicité, et intègre à ses recherches un filtre permettant de bloquer les contenus inappropriés pour les enfants afin de leur permettre de naviguer en toute sécurité.

• Notre avis

Ce moteur particulièrement adapté aux six-douze ans est très simple à prendre en main, visuellement attractif, et s'adresse directement aux enfants. Ils pourront notamment y mener des recherches par thématique d'apprentissage (français, langues étrangères, mathématiques, etc.), y découvrir des sélections de jeux, d'activités manuelles ainsi que des actualités sur les youtubeurs du moment. Un très bon outil, et une occasion d'attirer leur attention sur la collecte de leurs données personnelles par les différents sites et réseaux qu'ils utilisent habituellement.

Médias et info

Sélection actualités

(FRANCE)

• Pour les enfants

Comment s'informer au quotidien ? Le programme *1 jour, 1 question* de *Lumni* publie des capsules vidéo de moins de deux minutes adressées aux enfants entre sept et onze ans. Chaque épisode répond de manière simple, documentée et illustrée par Jacques Azam, à une question posée par un enfant. Le site d'information *1 jour 1 actu* de Milan presse, destiné aux huit-douze ans, présente de son côté l'information sous forme d'articles, mais aussi de vidéos et de quiz. Les articles y sont riches en infographies et illustrations et bien adaptés au jeune public.

• Pour les ados

Vos jeunes connaissent sûrement déjà Hugo Travers. Alors étudiant à Sciences Po, il crée Hugo Décrypte, une chaîne d'info qui compte plus d'1,5 million d'abonnés sur YouTube. Il alimente cette chaîne et ses autres réseaux de vidéos courtes, résumant de manière neutre, synthétique et accessible l'actualité du jour. Pensez également à *ARTE Journal Junior*, un programme destiné aux dix-quatorze ans, présentant l'actualité internationale.

Médias et info

Vikidia

VIKIDIA (FRANCE)

★★★★

• Présentation

Encyclopédie en ligne collaborative adressée aux huit-treize ans, *Vikidia*, gérée par l'association du même nom, fonctionne sur le même principe que *Wikipédia* mais en est totalement indépendante. L'information y est présentée de manière simplifiée, par et pour les enfants, qui pourront s'en servir pour préparer un exposé ou s'informer sur un sujet.

• Notre avis

L'intérêt de cette encyclopédie est tout d'abord de proposer des fiches informatives concises, rédigées dans un langage adapté aux plus jeunes. Mais le projet ne s'arrête pas là : les enfants sont incités à participer et à apporter du contenu, individuellement ou en classe. C'est une excellente manière de les sensibiliser à la fiabilité d'une information, à son sourçage et au principe du collaboratif. Vous pouvez ainsi écrire un article avec vos enfants – il suffit de créer gratuitement un compte. Et si vous repérez une erreur, vous pouvez modifier un article existant sans inscription.

Médias et info

Doutez

ACTUFUTÉ / FONDATION POUR LE JOURNALISME CANADIEN, GOOGLE
(CANADA)

• Présentation

Ce site créé par la Fondation pour le journalisme canadien veut renforcer nos réflexes face aux fausses informations qui circulent sur les réseaux sociaux. Il présente une série de publications, certaines étant véridiques, d'autres trompeuses, discutables ou bien fausses. Vous allez devoir, pour chaque publication, choisir entre « J'en doute » et « J'ai confiance », en ayant bien sûr en amont analysé l'auteur, la photo, le site et le titre de la publication.

• Notre avis

Voici de quoi aiguiser l'esprit critique de vos ados – et le vôtre ! Car bien sûr, vous allez parfois douter. À chaque publication, des explications détaillent pourquoi l'information est véridique ou erronée et ce qui a pu induire l'internaute en erreur, et donnent des astuces pour ne plus se laisser duper. Et à la fin du quiz, le joueur est invité à « devenir sceptique » et à vérifier désormais chaque déclaration, source et image des publications qu'il consulte en ligne.

Médias et info

Sélection *fact-checking*

(FRANCE)

 ★★★★★

• Le fact-checking ?

La sélection ci-dessous présente une liste de sites de *fact-checking* – vérificateurs de faits. Gérés par des équipes de journalistes, ces sites vérifient les informations qui circulent sur Internet sous forme de vidéos, de photos, d'articles ou de publications sur les réseaux sociaux. Pour chacune, ils remontent à la source, confrontent les informations et mènent parfois des recherches sur le terrain.

• Cinq sites à connaître

Le Monde décrypte les infos douteuses qui circulent sur la toile avec sa rubrique Les Décodeurs. L'Agence France-Presse a lancé de son côté factuel.afp.com ; le journal *Libération*, la rubrique *CheckNews*, qui permet notamment aux internautes de poser leurs propres questions ; et le quotidien *20 minutes*, *Fake Off*, rubrique qui s'est associée à Snapchat pour proposer *Oh My Fake*, programme diffusé sur *Snapchat Discover*. Enfin France Info propose *Vrai ou Fake*, plateforme spécialisée dans la vérification d'infos issues de l'audiovisuel public.

Médias et info

Sélection *fake news*

(FRANCE)

• Aude WTFake

Créée en 2017 par Aude Favre, journaliste de France TV Slash, cette chaîne décrypte les dernières *fake news* circulant sur la toile. Pour cela, Aude mène des enquêtes en ligne, par téléphone et de terrain, et en publie le résultat sous forme de courtes vidéos humoristiques, incisives et pédagogiques, afin de démonter fausses nouvelles et théories du complot. Elle est aussi à l'origine de l'association d'éducation aux médias *Fake Off*, qui intervient auprès des collégiens et lycéens en France.

• Info ou Mytho ?

Lancée par l'éditeur Milan Presse fin 2021, cette chaîne YouTube a pour objectif de développer l'esprit critique des ados. Pour cela, elle propose six programmes : *Franche Fiction* et *Mytho-théories* pour décrypter les théories du complot, *Gare à leurs fakes* sur les infox, *Décodage* sur les notions de journalisme, *Le cerveau contre-attaque* sur les biais cognitifs et *La cuisine de l'info* qui accueille youtubeurs et auteurs luttant contre la désinformation.

ACTIVITÉS
...

Comment transformer une découverte numérique
en véritable atelier narratif ou artistique ?
Nous vous proposons ici cinq ateliers à organiser à la maison
avec vos enfants. Idéal pour un mercredi ou samedi après-midi,
entre frères et sœurs ou avec des copains !
À partir de la page 198, vous trouverez des pages à compléter
avec vos enfants. Ces quiz ou jeux à réaliser en famille
vous plongeront dans le passé ou vous feront imaginer le futur.
Et relèverez-vous les défis que nous vous lançons ?

Surprises de Noël 188

La BD de votre famille 190

Une étonnante chasse aux monstres 192

Expérimenter la musique 194

Métamorphoses 196

**Combien d'écrans
avez-vous à la maison ?** 198

**Votre planning
d'activités numériques** 199

Quiz 200
Qu'est-ce que c'est ? Ça date de quand ? 200
Culture numérique 202
Secrets de smartphone 203

Dessin 204
Les écrans du futur 204
La baguette magique 205

Défis en famille 206

SURPRISES DE NOËL

 2-7 ans

Ressources

Une histoire et Oli *(voir p. 41)*
FRANCE INTER (FRANCE)

Fiete Christmas
AHOIII (ALLEMAGNE)

La maison du Père Noël
WISSL MEDIA (FRANCE)

SantaTracker
GOOGLE (ÉTATS-UNIS)

La grande attente

Les petits curieux et curieuses ne se lassent jamais des surprises liées à l'imaginaire de Noël ! En voici quelques-unes numériques. Ces ressources sont à considérer comme des expériences à partager avec vos enfants : ensemble devant la tablette ou l'ordinateur, vous allez explorer des jeux ou de belles illustrations.

La sélection

▶ Les voix de Noël

Proposez à vos enfants de s'allonger et de fermer les yeux, puis lancez l'un des podcasts suivants. Un moment bien agréable, même pour les adultes ! D'une durée de 9-10 min., ces histoires sont issues de la collection *Une histoire et Oli !* de France Inter.

• Dans *Les Bonnes Résolutions du Père Noël*, de François Morel, les rennes sont sensibilisés au réchauffement climatique. Le Père Noël s'inquiète car, malgré l'hiver, le froid et la neige n'arrivent pas. Il rassemble alors son troupeau et expose ses grandes décisions écologiques.

• Dans *Le Voleur de sapin*, Agnès Martin-Lugand nous conte les aventures d'un village. Au temps de Noël, chaque maison y est décorée avec force sapins et boules. Pourtant, l'esprit de Noël n'est qu'apparences, car tout le monde se jalouse et personne ne se parle. Jusqu'à l'intervention du voleur de sapin...

▶ Un autre calendrier de l'avent

Une drôle d'idée que de proposer un calendrier de l'avent numérique ? Ah, mais vous ne connaissez pas *Fiete Christmas*, de l'éditeur Ahoiii ! Le marin Fiete, installé dans son fauteuil, savoure un chocolat chaud et admire son sapin prêt à être décoré. Vingt-quatre surprises sont disposées dans la pièce : chaque jour, les enfants vont en découvrir une et jouer avec dans la grande image. *Fiete Christmas* a tout compris : du jeu libre, de la découverte et une petite dose d'enchantement à partager avec ses parents.

▶ Les jeux du Père Noël

• Si vous êtes équipé·e d'un appareil Apple, vous pourrez consulter la webcam imaginaire du pôle Nord issue de l'éditeur Wissl Média, sur l'appli *La maison du Père Noël*. Mais que fait le Père Noël ? En fonction des heures, il mange, emballe des jouets, lit ou dort. C'est assez répétitif et il n'y a pas d'interactivité, mais les tout-petits vont beaucoup aimer vérifier les activités de leur héros de la fin de l'année : accordez-leur de temps en temps ce plaisir.

• Pour une autre pause ludique, rendez-vous avec vos enfants sur le site *Santa Tracker*, édité par Google. Lancement de cadeaux, relooking du Père Noël, créateur de lutins, memory de jouets : trente expériences, jeux ou découvertes y sont rassemblés.

Une piste pour les 7-10 ans

Et si on était solidaires ? Les quatre enfants de *The Unstoppables* n'ont pas attendu la période de Noël pour l'être : cette application gratuite (Apple et Android), éditée par la fondation suisse Cerebral, valorise la différence et l'entraide. Mai, Jan, Achim et Melissa vont, dans ce jeu, transformer leurs handicaps en forces. En s'épaulant et en réfléchissant ensemble, rien ni personne ne pourra les arrêter.

LA BD DE VOTRE FAMILLE

6-106 ans

Ressources

Book Creator (voir p. 136)
TOOLS FOR SCHOOLS (ROYAUME-UNI)

Matériel créatif

- Feuilles
- Crayons et feutres
- Figurines
- Éléments de décor

Une BD à partager

Disponible sous forme soit d'application payante pour iPad, soit de site Internet gratuit, *Book Creator* constitue un excellent outil de création de livres et BD numériques. Cet atelier vise à la conception d'une BD familiale, une belle surprise à concocter en vue d'un événement : succès garanti pour une activité qui plaira à tout âge !

Le déroulé

▶ La prise en main

Si vous utilisez le site Internet – cela ne sera pas le cas pour l'application –, vous devrez d'abord ouvrir gratuitement un compte enseignant pour créer jusqu'à 80 livres. Une fois cette étape passée, cliquez sur « Nouveau livre » et choisissez un format de BD (sur la seconde ligne). Puis commencez à explorer les fonctionnalités en appuyant sur le « + » en haut à droite. Vous pouvez ajouter sur la page des cases, des bulles, du texte, des autocollants, des illustrations, des photos et des vidéos. L'onglet « Images » mène à des visuels libres de droits. Le crayon permet de dessiner directement à l'écran ou d'ajouter des émojis et le micro d'enregistrer votre voix. Une fois un élément placé sur la page, le « i » permet d'accéder à tous les paramétrages : polices, couleurs, tailles, bordures, etc.

▸ Le scénario

Réfléchissez maintenant tous ensemble à la BD à créer : s'agit-il de célébrer un membre de votre famille, de raconter votre histoire ou d'inventer une fiction ? À vous de choisir, car tout est possible ! L'important, pour un témoignage comme une fiction, c'est de construire un vrai schéma narratif, avec d'abord la présentation du thème et des personnages, un nœud dramatique, des rebondissements, et bien sûr un dénouement ou une conclusion. N'hésitez pas à prévoir un storyboard sur papier, indiquant les éléments textuels et visuels de chaque case.

▸ La mise en pages

Pour illustrer, vous avez le choix : dessiner sur papier ou utiliser des décors et figurines puis photographier vos créations ; dessiner à l'écran ; importer des visuels ; ou encore prendre des vidéos à insérer. Chacun va ensuite ajouter les dialogues de ses personnages, des légendes, titres, onomatopées ou bruitages grâce au micro de l'onglet « Médias ».

Une fois la BD terminée, appuyez sur le bouton de lecture pour voir ses pages se tourner. Puis retournez dans votre bibliothèque afin de publier la BD en ligne, de l'exporter ou de l'imprimer. La publication en ligne est bien pratique, car elle conserve l'interactivité de votre création (les vidéos et les sons). Il ne vous reste plus qu'à projeter votre œuvre ou à envoyer son lien à tous les concernés.

Recettes familiales

Et si vous écriviez sous forme d'album interactif votre livre de cuisine familial ? Sur le site *Book Creator*, vous pouvez réutiliser différents modèles, dont notamment un « *cookbook* », un livre de recettes. Vous pourrez ainsi répertorier les secrets culinaires de chaque membre de votre famille, en enregistrant les instructions, en ajoutant des photos des plats réalisés ou même en filmant leur réalisation pas à pas.

UNE ÉTONNANTE CHASSE AUX MONSTRES

 6-10 ans

Ressources

Club des créatures mystérieuses : Découverte
YOOZOO (NOUVELLE-ZÉLANDE)

curiouscrittersclub.com/fr
YOOZOO (NOUVELLE-ZÉLANDE)

À prévoir

- L'impression des cartes
- Le découpage et les cachettes

Une quête à la maison

Dans cet atelier, vos enfants vont partir à la recherche de vingt-cinq monstres de légende. Ces créatures vont apparaître en réalité augmentée dans votre maison. Il vous suffit d'avoir un smartphone ou une tablette, d'y avoir chargé l'application et d'avoir imprimé des symboles. Une activité géniale pour un anniversaire par exemple. On vous explique tout !

Le déroulé

▶ Préparation de l'activité

- Cet atelier se base sur le projet du *Club des créatures mystérieuses*, qui comprend un site, curiouscrittersclub.com, et une application, *Club des créatures Découverte*. L'objectif est de faire découvrir aux enfants vingt-cinq êtres imaginaires issus de mythes et légendes du monde entier. Vous allez organiser, chez vous, une chasse au trésor en réalité augmentée pour les capturer.

- Pour préparer l'activité, téléchargez d'abord sur votre appareil l'application. Puis allez sur la rubrique du site dédiée à l'appli : https://curiouscrittersclub.com/fr/decouverte et cliquez sur « Télécharger les images cibles ». Vous allez ensuite imprimer les treize pages et découper les vingt-cinq cartes. Puis vous allez les cacher dans la maison : sous un lit, dans une armoire ou un tiroir, parmi les plantes, etc.

▶ L'exploration du site

Pour démarrer l'atelier, ouvrez sur votre ordinateur le site Internet du Club des créatures mystérieuses et demandez à vos enfants de choisir un continent à explorer sur le globe qui s'affiche. Le déplacement se fait avec les flèches du clavier, et les enfants auront besoin d'aide pour identifier les zones du monde. Quand vous tombez sur un monstre, lisez ensemble sa description, l'anecdote qui lui correspond et l'indication de sa localisation. Vous allez par exemple découvrir le Bigfoot américain, l'Alicanto chilien ou bien encore la Vouivre française.

▶ La capture en réalité augmentée

Une fois le site consulté, expliquez aux enfants que les créatures se sont échappées et qu'elles peuplent désormais votre maison. Leur mission consiste à les capturer grâce à votre appareil. Les enfants vont courir, scanner les symboles trouvés et « attraper » au sein de l'appli les monstres qui apparaissent. Accompagnez-les et ralentissez le rythme au besoin ! Une fois toutes les créatures dénichées, les enfants recevront leur badge de membre officiel du club des créatures mystérieuses. Vous pouvez prolonger l'activité – ou la poursuivre un autre jour – en lisant collectivement un des deux albums numériques, toujours gratuits, issus du même éditeur et consacrés à deux monstres : le Caddy canadien et le Te Hokioi néo-zélandais.

En complément

N'hésitez pas à compléter la quête avec des objets physiques à trouver. Par exemple, les friandises préférées des créatures, ou bien encore leurs œufs. Vous pouvez aussi, après l'activité, faire dessiner à vos enfants leurs propres monstres imaginaires. Sachez que tous les monstres cités sont issus de légendes existantes, vous pourrez aller plus loin en découvrant leurs histoires. Les bibliothèques publiques ont en général un excellent rayon de contes et légendes.

EXPÉRIMENTER LA MUSIQUE

 6-10 ans

Ressources

Chrome Music Lab *(voir p. 122)*
GOOGLE (ÉTATS-UNIS)

1 jour, 1 question *(voir p. 181)*
LUMNI ET MILAN PRESSE
(FRANCE)

Matériel créatif

- Feuilles de dessin
- Peinture

Un laboratoire musical

Grâce au site *Chrome Music Lab*, édité par Google, vous allez expérimenter la musique ! Il suffit de vous rendre sur musiclab.chromeexperiments.com : quatorze propositions s'affichent, vous invitant à découvrir le son, travailler votre écoute et tester la composition. De quoi organiser de courts ateliers numériques qui plairont à toute la famille.

Sélection d'activités

▶ Dessiner le son

L'activité **Kandinsky** vise à découvrir l'approche du peintre russe, qui comparait la peinture et la composition musicale. Sur l'écran blanc qui s'affiche, demandez à vos enfants de dessiner un simple trait : reconnaissent-ils l'instrument joué ? Continuez avec un triangle, des vagues, des cercles ou des rectangles. Certaines formes – les ronds, mais aussi les rectangles verticaux – créent des chanteurs. Le bouton de lecture permet de faire jouer le tableau en continu, et les boutons de couleurs de changer de type de sons. Vous pouvez écrire vos prénoms à l'écran, pour en écouter la sonorité, ou encore composer un tableau collectif : chacun ajoute à tour de rôle un chat, une fleur ou des éléments abstraits. À combiner avec une séance de peinture à la manière de Kandinsky !

▸ Tester la composition

Proposez à vos enfants de s'allonger et de fermer les yeux, et lancez *Song Maker*, placé sur la première ligne de la page d'accueil. Activez au hasard quelques cases de couleur, choisissez, en bas à gauche, l'instrument que vous souhaitez jouer, et appuyez sur lecture. Vos enfants ont-ils reconnu le piano ? Gardez votre composition telle quelle et changez d'instrument : les enfants identifient-ils la guitare, la flûte, ou encore le synthétiseur ? Place maintenant à la composition ! Devant l'écran, vos musiciens en herbe vont placer leurs notes de couleur sur la grille, et des ronds ou triangles de percussions sur l'espace du bas. Ils pourront changer à leur guise le type d'instruments, régler le tempo, et même chanter des notes en appuyant sur le micro. N'oubliez pas d'enregistrer leurs créations en bas à droite de l'écran !

▸ Organiser un concert

Et si vous organisiez un concert collectif en famille ? Pour cela, ouvrez le *Shared Piano*, créez votre salle de concert virtuelle en bas à gauche – elle peut accueillir jusqu'à dix musiciens – et envoyez le lien généré sur les appareils des membres du groupe (tablette, smartphone ou PC). Chacun choisit un instrument parmi les sept proposés… et c'est parti pour le concert, que vous pouvez mener à distance avec cousins ou grands-parents. Rires assurés ! Pour éviter la cacophonie, il vous faudra prendre le temps d'expliquer à chacun son rôle dans l'orchestre et avoir réfléchi en amont à une partition commune.

Musique préhistorique

Vos enfants savent-ils depuis combien de temps les hommes font de la musique ? Et pourquoi donc ? De quand date la première flûte ? Et en quelle année la fête de la musique est-elle née ? Visionnez ensemble la vidéo de *1 jour, 1 question* « Depuis combien de temps les hommes font de la musique ? » pour découvrir les réponses. Elle est consultable sur le site *Lumni* de France TV : lumni.fr/video/depuis-combien-de-temps-les-hommes-font-de-la-musique

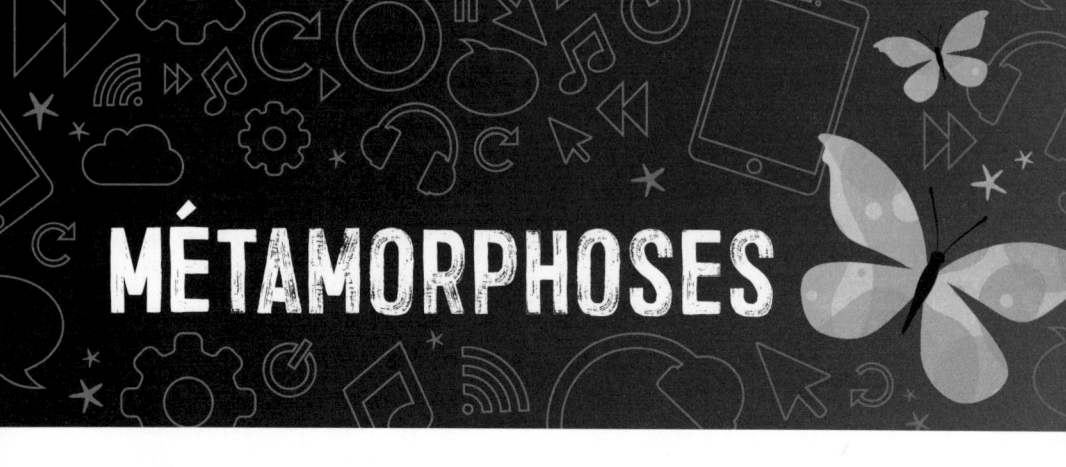

MÉTAMORPHOSES

 7-10 ans

Ressources

Quiver (voir p. 130)
QUIVERVISION (NOUVELLE ZÉLANDE)

MakePixelArt
BEN BROWN (ÉTATS-UNIS)

Matériel créatif

- Crayons de couleurs
- Papier quadrillé
- Crayon à papier
- Gomme

Les mutations du papillon

Faire expérimenter à vos enfants, dans un même temps créatif, à la fois le pixel art et la réalité augmentée, voici une belle performance, n'est-ce pas ? Vous allez réaliser cette prouesse à l'aide d'un insecte fascinant : le papillon. Les enfants vont alterner entre activités physiques et numériques pour explorer différemment le papillon et ses phases.

Le déroulé

Le papillon fascine les enfants. Et à raison ! La chenille, sortie d'un tout petit œuf, va se préparer pour sa métamorphose. Celle du papillon de nuit tisse un cocon en soie à l'intérieur duquel elle devient chrysalide. Celle du papillon de jour fixe à l'aide de fils de soie sa chrysalide sur une branche. De nombreuses vidéos sont disponibles en ligne sur le cycle de vie du papillon, dont un épisode de *C'est pas sorcier*.

▶ La réalité augmentée

La découverte créative du papillon commence par un monarque, bien connu pour sa grande taille, ses migrations entre les États-Unis et le Mexique et ses couleurs – une chenille jaune et noire et un papillon orangé. Vous aurez téléchargé sur le site de **Quiver** un coloriage du papillon monarque, disponible dans le pack de coloriage des parcs naturels de Californie :
quivervision.com/coloring-packs/California-State-Parks

Dites à vos enfants de colorier les quatre phases représentées, en évitant d'utiliser des crayons noirs ou marron foncé. Terminé ? Alors, ouvrez l'application gratuite **Quiver – 3D Coloring App** et « scannez » le coloriage : celui-ci va s'animer et s'envoler dans la pièce. Grâce au rond de gauche, vous pourrez étudier les quatre phases de la transformation du papillon et, avec les traits de peinture, observer un monarque presque réel.

▶ Le pixel art

L'atelier continue, ou se poursuit un autre jour, avec du papier quadrillé – idéalement cartonné – et un crayon à papier. Les enfants vont griser les cases pour créer un axe central d'une largeur de deux cases et d'une longueur de vingt cases, puis ils formeront le contour d'ailes, symétriques, de part et d'autre. C'est fait ? Alors, rendez-vous sur le site https://makepixelart.com/free pour reproduire et poursuivre le dessin en couleurs. L'interface est en anglais, mais l'outil se prend vite en main. Le crayon permet de colorer des cases, et les carrés à droite de choisir les couleurs en double-cliquant dessus. La bombe permet de tout effacer et le rond jaune d'ajouter des zones brillantes dans le dessin. Les dessins s'enregistrent ensuite via un clic droit ou la disquette à gauche.

En deux mots

Le pixel art
L'art du pixel désigne une composition numérique à base de petits carrés, utilisant un nombre réduit de couleurs et une définition d'écran basse. Au-delà de la nostalgie, le pixel est devenu un matériau artistique de ce genre visuel dans des jeux vidéo, du street art ou des tableaux.

La réalité augmentée
La réalité augmentée est la superposition de la réalité physique et d'éléments virtuels (sons, images 2D, 3D, vidéos, etc.) générés en temps réel.

COMBIEN D'ÉCRANS AVEZ-VOUS À LA MAISON ?

Mais pourquoi compter ses écrans ? Pour prendre tout simplement de la distance avec nos équipements. Quel que soit le total que vous obtiendrez ci-dessous, ne vous inquiétez pas ! Le plus important est d'en faire bon usage et, concernant les enfants, d'accéder à des ressources intéressantes sur un temps d'utilisation raisonnable.

TYPES D'ÉCRANS	NOMBRE D'ÉCRANS
TV	
Ordinateur	
Console de jeu	
Smartphone	
GPS (voiture)	
Liseuse	
Tablette	
Objet connecté (montre, etc.)	
TOTAL	

Qu'en pensez-vous ? Est-ce que cela vous semble assez, beaucoup, trop, pas assez ?

VOTRE PLANNING D'ACTIVITÉS NUMÉRIQUES

Un programme rythmé

- Combien de temps passez-vous par jour sur des écrans ? L'objectif ici n'est pas forcément de remettre en question vos pratiques, mais de prendre conscience du temps alloué à vos usages, afin de vérifier que ce volume horaire vous suffit pour les autres activités qui vous tiennent à cœur.

- Vous pouvez mener cette réflexion tous ensemble, parents et enfants, en indiquant à tour de rôle dans le tableau vos prénoms et estimations. À vous de décider si vous prenez comme journée type un jour de semaine ou de week-end.

- Une fois le tableau rempli, demandez-vous si votre planning vous semble raisonnable et s'il est adapté à votre idéal de vie !

PRÉNOM				
TYPE D'ACTIVITÉ	TEMPS CONSACRÉ/JOUR	TEMPS CONSACRÉ/JOUR	TEMPS CONSACRÉ/JOUR	TEMPS CONSACRÉ/JOUR
Regarder des vidéos en ligne				
Regarder la TV, un film ou une série				
Surfer sur Internet				
Lire et envoyer des messages				
Consulter un réseau social				
Jouer à un jeu sur écran				
Travailler ou faire ses devoirs				
Utiliser un objet connecté (montre, etc.)				
TOTAL				

Quiz

Qu'est-ce que c'est ?
(pour les enfants)

Ça date de quand ?
(pour les parents)

❶ Qu'est-ce que c'est ?

Ça date de... :
☐ **A.** 1945 ☐ **B.** 1984 ☐ **C.** 1990

❷ Qu'est-ce que c'est ?

Ça date de... :
☐ **A.** 1955 ☐ **B.** 1963 ☐ **C.** 1970

❸ Qu'est-ce que c'est ?

Ça date de... :
☐ **A.** 1995 ☐ **B.** 2000 ☐ **C.** 2005

❹ Qu'est-ce que c'est ?

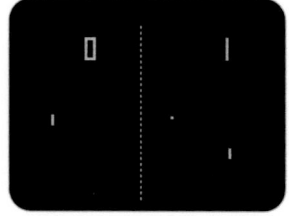

Ça date de... :
☐ **A.** 1957 ☐ **B.** 1968 ☐ **C.** 1972

❺ Qu'est-ce que c'est ?

Ça date de... :
☐ **A.** 1965 ☐ **B.** 1970 ☐ **C.** 1978

6 Qu'est-ce que c'est ?

Ça date de... :
☐ **A.** 1997 ☐ **B.** 2003 ☐ **C.** 2015

7 Qu'est-ce que c'est ?

Ça date de... :
☐ **A.** 1975 ☐ **B.** 1982 ☐ **C.** 1986

8 Qu'est-ce que c'est ?

Ça date de... :
☐ **A.** 1990 ☐ **B.** 1995 ☐ **C.** 2001

9 Qu'est-ce que c'est ?

Ça date de... :
☐ **A.** 1990 ☐ **B.** 1995 ☐ **C.** 1999

10 Qu'est-ce que c'est ?

Ça date de... :
☐ **A.** 1985 ☐ **B.** 1995 ☐ **C.** 2000

Rendez-vous page 207 pour découvrir les réponses.

Culture numérique

1 Qui a inventé Internet ?
- A. Evangelista Torricelli
- B. Tim Berners-Lee
- C. Alan Turing
- D. Grace Hopper

2 Le premier ordinateur pesait :
- A. 30 tonnes
- B. 168 kilos
- C. 50 kilos
- D. 12 tonnes

3 Microsoft est le propriétaire de YouTube.
- A. Vrai
- B. Faux

4 Parmi ces moteurs de recherche, lesquels ne récoltent pas les données personnelles des utilisateurs ?
- A. Yahoo!
- B. Google
- C. Qwant
- D. Bing

5 En France, à quel âge peut-on s'inscrire seul sur un réseau social ?
- A. 10 ans
- B. 11 ans
- C. 14 ans
- D. 15 ans

6 Le premier tweet de l'histoire a été vendu près de 3 millions de dollars.
- A. Vrai
- B. Faux

7 GAFAM, ça signifie...
- A. Google Apple Facebook Amazon Microsoft
- B. Google Alibaba Facebook Android Messenger
- C. Gars Affamé Fan d'Abricots Marinés
- D. Game Boy Acer Fujitsu Asus Macintosh

8 Quelle est la première société de metaverse en France ?
- A. Dracula
- B. Decentraland
- C. The Sandbox
- D. StarLink

Réponses
1.B • 2.A • 3.B • 4.C • 5.D • 6.A • 7.A • 8.C

Secrets de smartphone

1 Quel est le nombre d'utilisateurs de smartphones en France ?
- A. Pas plus de 12,5 millions (20 % de la population française)
- B. Au moins 52 millions (77 % de la population française)
- C. Environ 30 millions (50 % de la population française)
- D. Au moins 62 millions (au moins 1 par personne)

2 100 millions de smartphones dormiraient dans nos placards : vrai ou faux ?
- A. Vrai
- B. Faux

3 Au bout de combien de temps change-t-on son smartphone en moyenne ?
- A. Tous les ans
- B. Tous les 2 ans
- C. Tous les 3 ans
- D. Tous les 5 ans

4 Pour « rentabiliser » la fabrication d'un smartphone, il faudrait l'utiliser...
- A. 5 ans
- B. 8 ans
- C. 9 ans
- D. 10 ans

5 Combien de tours du monde sont nécessaires pour fabriquer un smartphone ?
- A. Aucun tour du monde, voyons !
- B. 1 tour du monde
- C. 2 tours du monde
- D. 4 tours du monde

6 Combien de matériaux différents un smartphone contient-il environ ?
- A. 25 matériaux
- B. 130 matériaux
- C. 70 matériaux
- D. 210 matériaux

7 Quel est le pourcentage de Français de 15 ans et plus qui ne possèdent pas de téléphone portable ?
- A. 15 %
- B. 9 %
- C. 5 %
- D. 1 %

Réponses
1. B • 2. A • 3. B • 4. A • 5. D • 6. C • 7. C

Sources : Ademe - FNE - ISF Systex - INSEE

Dessin

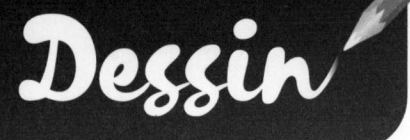

LES ÉCRANS DU FUTUR

À ton avis, dans dix ans, quels types d'appareils allons-nous utiliser ? Et à quoi nous serviront les écrans ?

Tu peux écrire ou dessiner ta réponse.

LA BAGUETTE MAGIQUE

Si tu trouvais une baguette magique spéciale « écrans », quel vœu formulerais-tu ?
Tu peux écrire ou dessiner ta réponse.

DÉFIS EN FAMILLE

Voici des défis à mener en famille ou à se lancer entre parents et enfants. Prêt·e à bousculer vos usages ou vos regards sur le numérique ?

Chaque soir, déposez tous vos écrans portables dans le même panier, 1h30 avant de dormir !

Aujourd'hui, c'est « YouTube party » ! À tour de rôle, vous allez présenter aux autres une chaîne que vous aimez.

Spécial enfants : visionnez un dessin animé (ou une série) que vos parents adoraient à votre âge. Qu'en pensez-vous ?

Spécial parents : jouez 15 minutes à un jeu numérique choisi par vos enfants. Qu'en pensez-vous ?

Ce week-end, vous allez passer une après-midi entière sans (aucun) écran !

Qui saura dire depuis combien de temps les tablettes existent ? Et qui connaît la différence entre le Web et Internet ?

Qu'est-ce que c'est ? / Ça date de quand ?
Les réponses

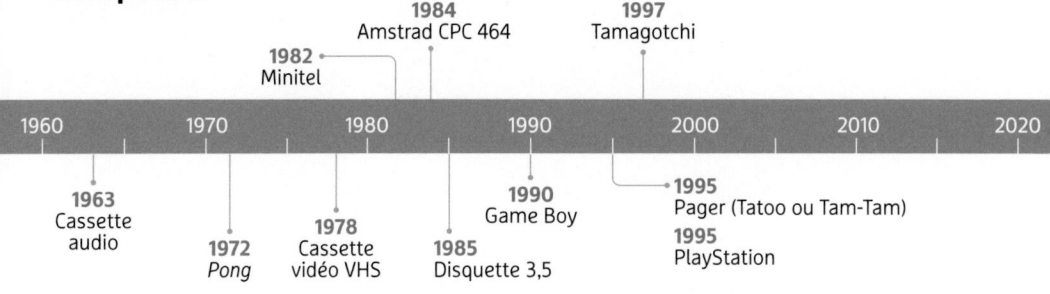

❶ L'Amstrad CPC 464
Cet ordinateur, sorti en France en septembre 1984, a connu un immense succès pour son écran couleur. « CPC » veut dire *colour personal computer*, et « Amstrad » est l'acronyme de son créateur, Alan Michael Sugar, suivi du mot *Trading*. Un autre ordinateur était très répandu à l'époque : le ZX Spectrum.

❷ La cassette audio
Lancée en 1963, la cassette audio est un support d'enregistrement du son. Elle contient deux bobines autour desquelles s'enroule une bande magnétique, et permet d'écouter et d'enregistrer de la musique via un magnétophone ou une radiocassette. À partir de 1979, les jeunes se sont équipés de « baladeurs » ou « Walkman » pour écouter leurs cassettes en marchant. C'était révolutionnaire !

❸ La première PlayStation
Sony sort sa première PlayStation en France en 1995 – 1994 au Japon – avec ses fameux symboles sur la manette. Teiyu Goto, le designer de la manette, a donné cette explication : « Le triangle se réfère au point de vue : il représente la tête [...] ou une direction, et je l'ai voulu de couleur verte. Le carré symbolise une feuille de papier : il représente les menus ou les documents, le tout de couleur rose. Le rond et la croix représentent le "oui" et le "non". Je les ai faits respectivement en rouge et en bleu. »

❹ *Pong*, le pionnier du jeu vidéo
Pong, commercialisé par Atari et inspiré du tennis de table, est un des premiers jeux vidéo d'arcade. Il sort en 1972 sur bornes d'arcade. C'est un grand succès. À partir de 1975, une console de salon dédiée est mise sur le marché, sous le nom de Home Pong.

❺ La cassette vidéo VHS
Cassette vidéo, VHS (*video home system*) ou vidéocassette, ce support magnétique a été lancé par la société JVC en 1976 au Japon, en 1978 en France. Il s'agit d'une bobine de bande magnétique pour lire ou enregistrer du son ou de la vidéo grâce à un magnétoscope.

❻ Le Tamagotchi
Cette console miniature de la taille d'un cadran de montre, créée par la société japonaise Bandai en 1996 (sortie en 1997 en France), accueillait un animal de compagnie virtuel. Il fallait s'en occuper et l'élever.

❼ Le Minitel
Le Minitel, « médium interactif par numérisation d'information téléphonique », a été lancé en 1982, avant Internet. C'était un terminal qui se connectait sur le réseau français Télétel pour donner accès à divers services. La France était à la pointe de la télématique mondiale avec ce Minitel !

❽ Les pagers
Lancés en 1995, les pagers, le Tatoo de France Télécom ou le Tam-Tam de Cegetel, étaient des récepteurs de radiomessagerie sans ondes et non géolocalisables : les premiers SMS étaient nés !

❾ La Game Boy
La première console portable de Nintendo, la Game Boy, sortie en 1989 au Japon, a été mise en vente en France en 1990.

❿ La disquette 3,5 pouces
La disquette – ou « disque souple », par opposition aux disques durs – servait à stocker des données informatiques. C'est IBM qui l'a créée en 1967, mais le format 3,5 pouces se développe bien plus tard, au début des années 1980. La disquette a été remplacée plus tard par le CD-ROM, sauf pour le stockage des données personnelles. Elle est restée en usage jusqu'aux années 2000 et a disparu avec l'arrivée de la clé USB.

© **2023 la Souris Grise**
10, rue Fénelon
92120 Montrouge
souris-grise.fr

Couverture, maquette et mise en pages :
Géraldine Thomas

Correction :
Manon Le Gallo

ISBN : 978-2-9550041-5-9

Dépôt légal : mai 2023

Imprimé à la demande par BoD en Allemagne